Das
Buch der Siegel

Bibliografische Information:
Die Deutsche Bibliothek verzeichnet diese Publikation in der Deutschen Nationalbibliografie; detaillierte bibliografische Daten sind im Internet über http://dnb.ddb.de abrufbar.

Deutsche Originalausgabe
3. Auflage 2026
© 2003 Druck und Verlag Pomaska-Brand GmbH
Edition »fabrica libri«
Alle Rechte der Verbreitung im deutschsprachigen Raum,
auch auszugsweise, vorbehalten

Titel der amerikanischen Originalausgabe:

The Book of Tokens

Übertragung aus dem Amerikanischen:
Deutsches Übersetzer/innen-Team B.O.T.A., Ltd., Los Angeles
Leitung: Gabriele Schindler

Hebräischer Schriftsatz:
ShalomOldStyle by Brecher, Harvard

Layout und Umschlaggestaltung:
Sigrid Pomaska

Herstellung:
Druck und Verlag Pomaska-Brand GmbH, Schalksmühle

www.fabrica-libri.de

Printed in Germany
ISBN 978-3-935937-04-7

Das
Buch der Siegel

* * * *

22
Meditationen
über
die Zeitlose Weisheit

*
* *
* * *
* * * *

kommentiert von
Paul Foster Case

fabrica libri

In diesem Buch werden uns 22 Meditationstexte gegeben, die Paul Foster Case, einer der großen spirituellen Lehrer des 20. Jahrhunderts, durch Inspiration empfing und niederschrieb. Von diesen eindringlichen, in der »Ich-Form« geschriebenen Worten geht eine starke Wirkung aus, wenn sie auf einen aufnahmebereiten Geist treffen. Der positive, autosuggestive Einfluss wird noch verstärkt, wenn die Texte laut gelesen werden.

Die Meditationen im »Buch der Siegel« erschließen dem Leser und der Leserin die verborgene Bedeutung der 22 hebräischen Buchstaben und der dazugehörenden Tarotschlüssel. Hier offenbart sich die Zeitlose Weisheit in poetischen Worten und kann eine unschätzbare Hilfe auf dem Weg der geistigen Entwicklung sein.

Mit den Worten »Höre, oh Israel« wendet sich die Stimme an den Lesenden. Hier knüpft der Autor an eine Episode aus dem Alten Testament an (1. Moses 32,24ff), in der Jakob, Stammvater der Israeliten, bis zur Morgenröte mit Gott »kämpft«, dabei an der Hüfte verletzt wird, aber trotzdem Sieger bleibt. Auf sein Verlangen wird er von Gott gesegnet und erhält den Namen »Israel«, Gottesstreiter: »... denn du hast mit Gott und mit Menschen gekämpft und bist siegreich geblieben.«

In diesem Sinne wird im »Buch der Siegel« der Name »Israel« benutzt, um einen geistig strebenden Menschen zu bezeichnen, der mit seinen Wesensanteilen und mit Gott um Erkenntnis ringt ...

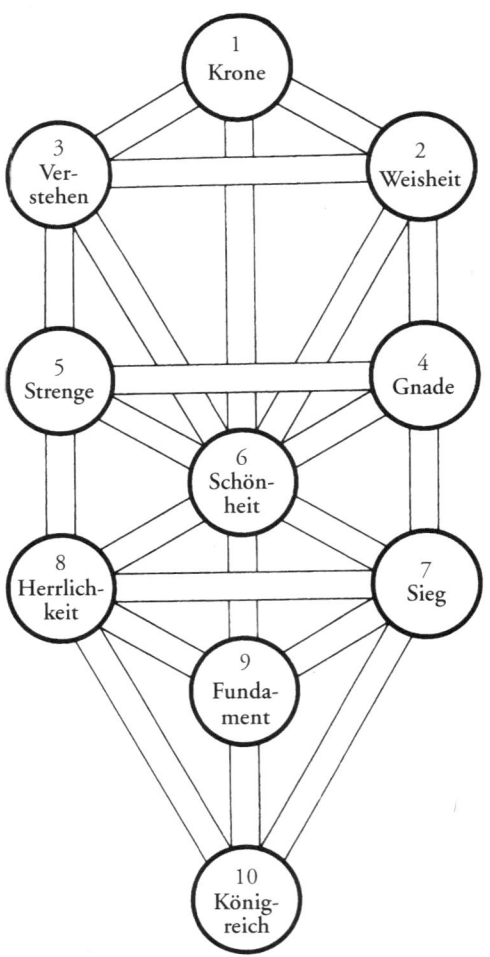

Inhalt

MÖGE DAS GÖTTLICHE LICHT

ALL JENEN LEUCHTEN,

DIE DURCH DAS BUCH DER SIEGEL

MIT DEM UNAUSSPRECHLICHEN

IN BERÜHRUNG KOMMEN.

PROLOGOS

0 Höre, oh Israel, meine Stimme
Und lausche meiner Unterweisung.

Mein Wort wird vor dir hergehen
Wie eine Feuersäule
  in der Nacht,
Und wie einer Wolkensäule
Sollst du ihm folgen
  am Tag.

Wende dich nicht ab, verzage nicht,
Und es wird dich in ein Land der Fülle führen,
In dem die Milch des ewigen Lebens
Und der Honig der reinen Weisheit fließen.

O   **DER NARR**

MEDITATION ÜBER ALEF

1   ICH BIN,
Ohne Anfang, ohne Ende,
Älter als Nacht und Tag,
Jünger als das neugeborene Kind,
    Heller als das Licht,
    Dunkler als die Finsternis,
Jenseits aller Dinge und Geschöpfe,
Und doch verankert im Herzen
Eines jeden Menschen.

2   Aus mir strömen die leuchtenden Welten hervor,
Zu mir kehren sie wieder zurück.
Doch können weder Menschen
Noch Engel sich mir nahen,
Denn nur Ich allein kenne mich selbst.

Unwandelbar ist mein innerstes Sein;
Absolut eins, vollständig, heil,
    Immer sich selbst gleich,
Ewig, unendlich, endgültig,
Formlos, unteilbar, unveränderlich.

3   Von allem, was ist, bin Ich der Ursprung,
    Der Ablauf und das Ende.
        Ich bin der Keim,
        Ich bin das Wachstum,
        Ich bin der Zerfall.
    Alle Dinge und Geschöpfe bringe Ich hervor.
    Ich ernähre sie, während sie außerhalb stehen.
    Und wenn der Traum des Getrenntseins endet,
    Bin Ich die Ursache ihrer Rückkehr zu mir.

        Ich bin das Leben
        Und das Rad des Gesetzes
    Und der Weg, der ins Jenseits führt.
        Nichts gibt es außer mir.

4   Ich bin das Feuer des Geistes,
    Das sich in höhere und niedere Naturen teilt
    Und sich den Mantel
    Des lebendigen Fleisches anlegt,
    Um herabzusteigen.

    Ich bin das Lebensprinzip von allem, was ist.
    Nichts gibt es, das nicht lebt,
    Und die Quelle dieses Lebens bin Ich.

    Denn es steht geschrieben:
        »Erst der Stein,
        Dann die Pflanze,

Dann das Tier
Und dann der Mensch.«
Doch vor dem Stein bin Ich das FEUER,
Gleichmäßig verteilt im Raum.
Nirgends abwesend, erfüllt es alles.
Und vor dem Feuer, in ihm verborgen,
Bin Ich das reine WISSEN,
Aus dem sich alle Formen ergießen.

5 Getrennt von mir
Gibt es weder Weisheit,
Noch Wissen, noch Verstehen.
In jede Stufe des Wissens dringe Ich ein,
In falsches wie in wahres Wissen.
Daher bin Ich nicht nur die Weisheit der Weisen,
Sondern auch die Unwissenheit der Getäuschten.
Denn was du Unwissenheit und Torheit nennst,
Ist mein reines Wissen,
Unvollkommen ausgedrückt
Durch ein unvollendetes Bild
Meiner göttlichen Vollkommenheit.

Wehe denen,
Die meine unvollendeten Werke verdammen!
Siehe, die sich anmaßen zu urteilen,
Sind selbst unvollkommen.
Durch viele leidvolle Prüfungen
Müssen sie gehen,

13

Ehe die klare Schönheit meiner Weisheit
Aus ihren Herzen leuchtet -
    Dem Lichte gleich,
Das in einer Alabasterlampe brennt.

6 Ich bin es, der alles macht.
Nichts regt sich ohne meine Kraft.

Mein ist der heilende Einfluss,
Der aus geweihten Händen herabströmt,
Mein ist das Gift im Zahn der Natter.
    Nichts fällt, denn durch mich,
Und in allem, was sich erhebt,
Bin Ich die aufstrebende Kraft.

7 Meine Gegenwart ist die Substanz aller Dinge.
Ich bin der jungfräuliche Schnee
Auf den Höhen der Berge.
Ich bin der fruchtbare Lehm
In den Tiefen der Täler.
Ich bin das Gold und das Silber der Tempelgefäße.
Ich bin der Staub auf den Sandalen der Gläubigen,
Die sie am Tempeltor zurückließen.
Erkenne mich und achte mich
Gleichermaßen in allem, oh Israel,
Und du wirst wirklich sehen.

8 Denn wenn du mich so siehst,
Wirst du erkennen,
Dass nichts mir feindlich gegenübersteht
Noch gegenüberstehen kann.
Ich, der Ich alles in allem bin,
Warum sollte Ich mich selbst bekämpfen?
Was hätte die Kraft, den Ursprung aller Kraft
Zu begrenzen oder zu bezwingen?

Wisse, dass alles, was du als Konflikt empfindest,
Nur das Schattenspiel deiner Unwissenheit ist.
Warte in Geduld auf mich, deinen Herrn,
Und zu der von mir bestimmten Zeit
Werde Ich erhellen, was noch dunkel ist.
Und Ich werde dir dort,
Wo sich jetzt noch ein Abgrund des Grauens
Zu deinen Füßen zu öffnen scheint,
Einen sicheren Weg zeigen,
Wahrhaft und unfehlbar.

9 Ich bin der Anfang aller Anfänge,
Unbegrenzt von Zeit und Raum,
Nicht gebunden durch Name oder Form,
Überall anwesend.
Die Vollkommenheit meiner
Unerschöpflichen Macht begründend
Bin Ich dein Herr, oh Israel,
Und auch der Herr zahlloser Heerscharen.

Suche mich im Allerheiligsten,
Im Herzen des wahren Tempels
Auf dem heiligen Berg.
Siehe, Ich bin bei dir alle Tage,
Und Ich schlafe nie.

10 Ich bin die Höhe über allen Höhen -
Ebenso reiche Ich hinab bis in alle Tiefen,
    Dennoch ewig
In vollkommenem Gleichgewicht schwebend
Zwischen Höhe und Tiefe.

Betrachte mich aus der Sicht von ALEF.
Dort wirst du beides finden, Höhe und Tiefe,
Und auch den Pfad für Abstieg und Rückkehr,
    Der sie vereint.

11   Wahrlich, Ich bin Alef,
    Der STIER des Sonnenfeuers,
Dessen Strahlen die ganze Welt erhellen,
Dessen Lebensatem abschwillt und anschwillt
In allen Geschöpfen, groß und klein,
Dessen Kraft in jeder Regung Gestalt annimmt,
Ob in Menschen, Tieren oder Pflanzen,

Ja - auch in den Dingen,
Die unbeseelt zu sein scheinen.

ALEF bin Ich, der geduldige Lastenträger,
Der stark ist, die schwere Bürde
Des Offenbarten zu tragen.

ALEF bin Ich, der ewige Arbeiter,
Durch dessen Kraft die Felder bestellt werden,
Und aus dessen Leben alle Samen
Ihr Wachstum und ihre Vermehrung erhalten.

Alef bin Ich,
Das Erste und die Wurzel.
In meinem unergründlichen Willen
Hat das Universum seinen Ursprung.
In meiner grenzenlosen Weisheit
Ruhen die Urbilder und Muster aller Dinge.

Bevor die Welten entstanden, WAR ICH.
In allen Welten BIN ICH.
Und wenn alle Welten nur noch Erinnerung sind,
WERDE ICH SEIN.

Kommentar zu Alef

* * * *

Aussprache: Anlaut zum folgenden Vokal
Zahl: 0
Zahlenwert: 1
Bedeutung: der Stier, der Ochse

Die Feurige Intelligenz

Überall in diesen Texten bezieht sich der Eigenname
»Israel« auf das geistige Israel, was so viel bedeutet wie:
»Er wird herrschen wie Gott«, und daher wenden sich
diese Texte an alle, die sich mit dem göttlichen Willen
identifizieren und so zu einem reinen Kanal für dessen
Ausdruck werden. Auf diese Weise leben sie ein wahrhaft göttliches Leben und nehmen an der göttlichen Herrschaft teil.

Zu 2
»Doch können weder Menschen noch Engel sich mir
nahen.« Wer noch im Bewusstsein der Getrenntheit lebt,
kann sich der Wirklichkeit des Absoluten nicht nähern.

Erst dann, wenn jeder zum Einen zurückgefunden hat, verschwinden die Einteilungen in Klassen, wie etwa in Pflanzen, Tiere, Menschen, Engel usw.

Zu 4

»Ich bin das Lebensprinzip von allem, was ist.« Dies ist eine Anspielung auf die Bedeutung des hebräischen Wortes *Ruach* in Bezug auf den Buchstaben Alef. *Ruach* entspricht dem Sanskritwort *Prana*, dem griechischen *Pneuma* und dem lateinischen *Spiritus*. Jedes dieser Worte bedeutet Atem, der mit Leben gleichzusetzen ist. In dieser Meditation wird ausdrücklich gesagt, dass der Lebensatem auch die Formen beseelt, die im Allgemeinen als nicht lebendig betrachtet werden.

Zu 5

Die Worte »meine unvollendeten Werke« sind der Schlüssel zur gesamten Philosophie über Gut und Böse, die diese Meditationen durchzieht. In der Vorstellung des Autors leben wir in einem dynamischen, sich noch entfaltenden Organismus, den wir »Universum« nennen. Die Absicht, für die der Organismus in die relative Manifestation projiziert wurde, hat sich noch nicht erfüllt. Es handelt sich hierbei nicht um einen endgültigen Mechanismus, der einmalig und für alle Zeiten geschaffen wurde. Er ist vielmehr ein lebendiges Wesen, dessen Leben unzählige kleine Leben und niedere Bewusstseinsstufen umfasst.

1   **DER MAGIER**   ב

MEDITATION ÜBER BET

1   EINS, und nur Eins bin Ich in meiner Essenz,
       Unveränderlich, unteilbar,
    Und halte in meinem Sein
    Die Zehn Lichter
    Der göttlichen Emanation verborgen.

    In dieser meiner unabänderlichen Einheit
       Bin Ich der Höchste,
    Und Nichts ist mir gleich.
    Wenn Ich auch unverändert bleibe
       In Ewigkeit,
    Offenbart sich meine Kraft in ewigem Wandel.

2   Es irrt, wer von der Unwandelbarkeit
    Meiner Essenz spricht,
    Als sei mein Wirken festgelegt.
    Was sich nicht ändert, ist meine Natur,
    Doch umfasst sie die Möglichkeit
    Unendlicher Vielfalt möglicher Gestaltung.

3   Für den, der noch keine Unterweisung erhielt,
    Ist dies ein Stein des Anstoßes.
    Verstört durch Worte doppelter Bedeutung
    Erkennt er nicht, dass meine unwandelbare Natur
    Eine Essenz ist, deren Urgrund Leben ist
        Und nicht nur Sein.

    Du kennst mich nicht, oh Israel,
    Wenn du mich nur siehst als »den, der IST«.
    Der kennt mich wirklich, der mich erkennt
    Als »den, der LEBT«.

        Ich bin das Leben selbst,
    Und ohne Geist gibt es kein Leben.
        Ich bin die Essenz des Geistes,
    Und die Essenz des Geistes ist der Wille.
    Jeder erschaffene Wille
    Ist die Spiegelung meines Willens.
    Und das Wesen dieses Willens -
        Was ist es anderes als der Wunsch?

        Ich bin das ewige Leben,
    Ich bin das ewige Sehnen nach Offenbarung.
    Darum bringe Ich die leuchtenden Welten hervor.
    Darum teile Ich mich und werde Zwei.

4　Von diesen Zweien ist das Erste
Die KRONE meines Urwillens.
Diese, meine höhere Natur, steht über dieser Welt,
Die aus meinem Wissen strömt.
Doch steht selbst diese höhere Natur
Noch außerhalb meines innersten Wesens.
Sie ist mir darum wie BET, mein Haus,
　　Und Ich bin in ihm,
Denn es ist aus mir hervorgegangen.
Doch erfülle Ich meine Wohnstätte ganz.
Steht doch geschrieben, dass sich das Höchste
Von der Krone nur durch den Namen unterscheidet.

5　An meinem höchsten Ort stehe Ich
　　Als der Schauende.
Weil Ich unerschütterlich bin in meiner Betrachtung,
Nimmt der Strom der Manifestation seinen Lauf.

Was auch immer existieren mag,
Beginnt in meinem Willen,
Bleibt in meinem Willen,
Und erreicht nach meinem Willen
Schließlich sein vorbestimmtes Ziel.
Wahrlich, es gibt keinen anderen Willen
　　Im ganzen Universum,
Doch haben alle Lebewesen an ihm teil.

6 Von meiner Substanz
Stammt die Substanz aller Dinge.
Und alles, was Form hat,
Entspringt meiner vierfach elementaren Manifestation.
Denn es gibt nur vier subtile Prinzipien,
Die der Weise vor dem Uneingeweihten
Durch diese Namen verschlüsselt:
FEUER, WASSER, LUFT und ERDE.

In endloser Vielfalt von Mixtur und Proportion
Vermischen sie sich nach meinem Willen,
Um Formen hervorzubringen.
Sie sind die Umwandlungen einer einzigen Essenz,
Aus deren Mischung alle Dinge hervorgehen.

Wenn Ich die Vielfalt der Existenzformen betrachte,
Die aus meiner einen Ur-Essenz hervorgehen,
Verstehe ich sie in jeder ihrer Beziehungen
                                    zueinander.

Ich nehme wahr,
Dass ihr Anfang, ihre Mitte und ihr Ende
    In Wahrheit Ich selbst bin.
So sehe Ich, dass alle Dinge,
Ungeachtet ihrer äußeren Erscheinung,
    Im Guten gründen,
Weil sie meiner eigenen Natur entspringen.

7 Meine höhere Natur spiegelt sich
Im Geiste des Menschen wider,
Der nach meinem Bild erschaffen ist.
Erkenne mich darum
Als die Quelle jeden wahren Willens.
Erkenne mich auch als die Kraft,
Die die Dinge so sieht,
    Als stünden sie außerhalb
    Und getrennt von dem, der sie betrachtet.

Das in dir,
Was die Dinge auf diese Weise wahrnimmt,
Was dir die Kraft gibt, sie zu unterscheiden,
Was dir ihre Beziehung zueinander
                und zu dir enthüllt,
Und dich die Gesetze ihrer Wechselwirkung
                  verstehen lässt,
Wisse, dass all dies identisch ist
Mit meiner höheren Natur.

Wo immer diese Kraft wirkt,
Ob in niederen oder höheren Formen,
    Bin Ich allein ihre Quelle
    Und Ich allein der Erkennende.

Nicht dein, sondern mein
Ist die Kraft der Aufmerksamkeit,
Der Beobachtung, der Entdeckung,
Der Wahrnehmung der Abläufe in der Natur.
In all dem und in der Kraft der Unterscheidung
Wirkt meine höhere Natur durch dich.

8 Glücklich bist du, wenn du diese Wahrheit erkennst.
Wenn du verstehst, dass nicht dein schwaches Selbst,
Sondern mein allwissender Geist
Durch deine Augen auf die Welt schaut,
Wirst du das Vertrauen finden,
Mich sehen zu *lassen*.
Du wirst die Täuschung deiner Sinne überwinden,
Wenn du sie mir vollständig hingibst.

Nicht du, sondern Ich
Bestimme dann Gewicht, Form und Beschaffenheit
Der Dinge, die du berührst.
    Nicht dein, sondern mein
Ist das Wissen um Duft und Geschmack dessen,
Was Nase und Zunge aufnehmen.
Und während jetzt noch schrille Missklänge
Deine Ohren bestürmen,
Werden sie, wenn Ich durch sie höre,
Auf die lieblichsten Harmonien eingestimmt.

Dann wirst du
An der unendlichen Glückseligkeit teilhaben,
Mit der Ich das Universum erlebe,
Eine Freude, die all jenen unbekannt ist,
Deren Seele noch nicht vollendet ist,
Und deren Zeit der Verwirklichung
Noch kommen wird.

KOMMENTAR ZU BET

* * *

Aussprache B oder V
Zahl: 1
Zahlenwert: 2
Bedeutung: Haus

Die Intelligenz der Transparenz

Zu 1

Die zehn »Lichter« sind die zehn Sephiroth, die auf dem
Diagramm des Lebensbaumes (siehe Abb. 6) durch Kreise
dargestellt werden. Ihre Namen sind:

1	Kether	Die Krone, Der Höchste Wille
2	Chochmah	Die Weisheit
3	Binah	Das Verstehen
4	Chesed	Die Gnade
5	Geburah	Die Kraft oder Die Strenge
6	Tiphereth	Die Schönheit
7	Netzach	Der Sieg
8	Hod	Der Glanz
9	Jesod	Das Fundament
10	Malchuth	Das Königreich

27

Die zweite, vierte und siebte Sephirah bilden die Säule der Gnade, die nach der vierten Sephirah benannt wird. Ihr gegenüber steht die Säule der Strenge, die durch die Sephiroth 3, 5 und 8 gebildet wird und ihren Namen von der fünften Sephirah erhält. Die mittlere Säule setzt sich aus den Sephiroth 1, 6, 9 und 10 zusammen. Man nennt sie die Säule der Milde.

Die zehn Sephiroth sind in die »höchste Triade«, die die ersten drei Sephiroth enthält, und in die »Heptade«, die die Sephiroth Chesed bis Malchuth umfasst, eingeteilt. Diese Heptade ist die Grundlage für viele Siebener-Einteilungen, die man in der okkulten Literatur findet. Über dieser Sieben steht jedoch die »höchste Triade«, denn, wie es im *Sepher Jetzirah* (*Buch der Formgebung*) heißt, ist die Zahl der Lichter der göttlichen Emanation »Zehn und nicht Neun, Zehn und nicht Elf«; das bedeutet, weder mehr noch weniger als Zehn.

Zu 3

»Ich bin das ewige Sehnen.« Dies ist ein Beispiel dafür, wie der Autor die Gematria anwendet. Mit dieser kabbalistischen Methode wird die gleiche Bedeutung von Worten mit gleichem Zahlenwert erkannt. Jeder hebräische Buchstabe ist gleichzeitig eine Zahl.[*] Der Zahlenwert eines Wortes ist die Summe der Zahlenwerte seiner Buchstaben. Das hebräische Wort für »Sehnen, Sehnsucht« ist תאוה, *ta'ava*, mit dem Zahlenwert 412, der identisch ist mit dem Zahlenwert des Wortes Bet, בית.

---

[*] Siehe Tabelle der hebräischen Buchstaben auf Seite 203

Die »innerste Essenz«, von der in diesem Absatz gesprochen wird, ist Ain Soph Aur, אין סוף אור, *Das Grenzenlose Licht*. In der Philosophie der Kabbalah wird Ain
Soph Aur als DAS angesehen, was jeder Manifestation
vorausgegangen ist und bis in alle Ewigkeit bestehen wird.
KETHER, Die Krone bzw. Der Urwille, ist das erste der
zehn Lichter der göttlichen Emanation, steht aber an
zweiter Stelle in Bezug auf das unbegrenzte Licht. Daher
wird Kether hier mit einem Haus für dieses Licht verglichen, und da das HAUS, der zweite Buchstabe des
hebräischen Alphabets, den Zahlenwert 2 hat, wird das
kabbalistische Gedankengut, das gerade beschrieben wurde, durch diesen Buchstaben und seinen Zahlenwert be-
stätigt.

Zu 5 und 6

Diese beiden Abschnitte der Meditation sollten mit der
Symbolik des ersten Tarotschlüssels verglichen werden,
denn der Magier ist offensichtlich auch der Schauende,
die Gestalt auf Schlüssel 0. Er entspricht der »höheren
Natur«. Die vier subtilen Prinzipien, von denen in Abschnitt 6 gesprochen wird, entsprechen auch den vier
symbolischen Werkzeugen auf dem Tisch des Magiers.
Der Stab entspricht dem Element FEUER, der Kelch dem
Element WASSER, das Schwert dem Element LUFT und
die Münze bzw. das Pentagramm dem Element ERDE.
Beachte aber, dass der Text besagt, dass »der Weise« die
wahren »Prinzipien« unter den Namen der Elemente, die
in der alten Physik gebraucht wurden, »verschlüsselt«.

2   **DIE HOHEPRIESTERIN**

MEDITATION ÜBER GIMEL

1   Du hast gesehen, oh Israel,
     Wie sich, um der Schöpfung willen,
     Das Eine Leben, das Ich bin,
     Zu teilen scheint
     Und Zwei wird.
Von diesen Zweien habe Ich dich
Meine höhere Natur erkennen lassen,
Die Krone des Urwillens,
In der Ich meine höchste Wohnstätte habe.

     So höre nun,
Wenn Ich dir das Mysterium meiner niederen
     Natur erkläre,
Die im Baum des Lebens
Als die Sephirah der Weisheit steht.

2   Vergiss nicht, dass diese beiden,
Obgleich sie »höher« und »nieder« heißen,
In Wahrheit gleichen Ranges sind.
    Denn es steht geschrieben:
»Das, was oben ist, ist gleich dem, was unten ist,
Und das, was unten ist, ist gleich dem, was
    oben ist.«

Lass dich nicht irreführen von falschen Lehren,
Die der niederen Natur weniger Kraft und
    Wert beimessen
Als der höheren Natur.
Beide sind wie die Schalen einer Waage.
Jede hat ihren eigenen Wert,
Jede hat ihren eigenen Wirkungsbereich,
Eine hat nicht den Vorrang vor der anderen,
Denn beide bestehen
Von Ewigkeit zu Ewigkeit.

3   Meine niedere Natur ist die universelle Substanz,
    Der göttliche Spiegel,
In dem Ich, der Ich im Herzen aller Dinge wohne,
    Mich selbst spiegelnd schaue.

Dem, der noch nicht unterwiesen wurde,
Der das Spiegelbild noch mit dem verwechselt,
Was sich spiegelt,
Hält meine sekundäre Natur für innerlicher

Als den ursprünglichen Willen.
Dieser Irrtum gleicht der Täuschung, die entsteht,
Wenn jemand, der ein im Glas
Sich spiegelndes Zimmer sieht,
Glaubt, er sähe das Zimmer selbst.
Denn das, was sich im Spiegel der WEISHEIT
Offenbart, ist im Inneren.
Das Mittel der Spiegelung aber,
Der Spiegel, hat seinen Platz im Außen,
Im Bereich des Sekundären und Erschaffenen.

4   So, wie sich meine niedere Natur
     – die Substanz, aus der alle Formen entstehen,
     Der Träger meiner göttlichen Essenz –
     Zur höheren Natur verhält,
     Ebenso verhält sich das Passive zum Aktiven,
          Die Frau zum Mann,
          Eva zu Adam.
     Doch für jedes Licht der göttlichen Emanation,
     Das den Baum des Lebens absteigt,
     Ist diese Weisheit zugleich Wurzel und Quelle.
     Daher wird in der Heiligen Schrift
     Von der Weisheit auch als einer Frau gesprochen,
     Wenn gesagt wird:
     »Die Weisheit hat ihr ein Haus gebaut.«

Doch an anderer Stelle gibt der Weise
Der gleichen Weisheit den Namen AB, אב,
                      der Vater.
Nie findet man die himmlische Weisheit
                    als Mutter,
Denn sie ist die jungfräuliche Substanz aller Dinge,
Deren Reinheit durch nichts befleckt werden kann.

5   Bedenke nun, dass Ich das reine WISSEN bin,
Aus dem alle Schöpfung entsteht.
Erinnere dich, dass meine höhere Natur
Der Urwille, der ewig Schauende ist,
Unter dessen Blick der Strom der Schöpfung
                    dahin fließt.
Die Substanz dieses Stromes ist die niedere Natur,
In der Ich die unzähligen Bilder meiner selbst
                    erblicke,
Alle Dinge und Geschöpfe, groß und klein.
    Was auch immer existiert,
Gleicht einer kleinen Welle
Auf der Oberfläche dieses Stroms,
Doch sind alle nur die Eine Substanz.
Daher haben sie teil an der Eigenschaft
    Des Stromes selbst,
Der nur der Spiegel meiner selbst
    Und die Wurzel jeder Erinnerung ist.

6 Schöpfung ist die Chronik
Meiner sich stets wandelnden Offenbarung.
Allem Geschaffenen ist die Geschichte
Des Universums eingeprägt.
Keine meiner Taten entgeht dieser Aufzeichnung.
Und weil auch die Menschen ein Teil des Flusses
Meiner niederen Natur sind,
Haben sie teil
An meinem vollkommenen Gedächtnis,
Das die Quelle jeder Erinnerung
Und die Wurzel aller Weisheit der Menschen ist.

7 Mich zu erkennen,
Ist darum die höchste Weisheit.
Darin liegt das Ziel allen Suchens,
Aller Arbeit, aller Hingabe.
Aus dem Wissen um mich
Kommt das geringere Wissen von den Dingen,
Die Ich erschaffen habe.

Nutzlos ist dieses geringere Wissen,
Wenn es nicht in der Erkenntnis
Meiner höheren und niederen Natur gründet.

Daher steht geschrieben:
»Gedenke deines Schöpfers jetzt,
In den Tagen deiner Jugend,
Und deiner Tage werden viele sein.«

Wer mich in lebendiger Erinnerung behält,
Vereinigt sich mit dem subtilen Prinzip
  Des ewigen Lebens.

8 Meine niedere Natur ist die Verbindung
Zwischen mir und allem Geschaffenen.
Daher ist sie wie GIMEL, das Kamel,
Das den Menschen sicher
Durch öde Wüsten von Stadt zu Stadt bringt.
Sie gleicht Gimel,
Weil das Kamel reiches und kostbares Gut trägt,
  Und weil es auf Reisen und Austausch deutet
Und daher ein Symbol für Veränderung
Und das Fließen und Verschmelzen der Ideen ist,
Die im Strom des Gedächtnisses geboren werden.

Glücklich ist, wer dieses Kamel
Meiner niederen Natur besteigt,
Bringt es doch den, der das Geheimnis
Seiner Meisterung kennt,
  Näher zu mir, seinem Herrn.

Schwer und mühsam ist die Aufgabe,
Die Kraft des Gedächtnisses zu gewinnen.
Stärke, Mut und Ausdauer müssen die haben,
    Die diesen Sieg erringen wollen.
Dann aber werden sie
Wie Könige und Fürsten diese Welt bewohnen -
Und sogar wie Götter die Welt, die kommen wird.

KOMMENTAR ZU GIMEL

* * * *

Aussprache: G
Zahl: 2
Zahlenwert: 3
Bedeutung: Kamel

Die Vereinigende Intelligenz

Zu 1

Auf dem Lebensbaum verbindet der Pfad des Buchstabens GIMEL KETHER und TIPHERETH. In dieser Meditation aber bezieht sich GIMEL sehr richtig auf Chochmah, die zweite Sephirah, weil der Zahlenwert des Wortes GIMEL, גמל, die Zahl 73 ergibt, die ebenfalls der Zahlenwert des Wortes Chochmah, חכמה, *Weisheit,* ist. Es gibt jedoch noch tiefere Gründe für die Gleichsetzung von GIMEL mit CHOCHMAH, die hier nicht näher erörtert werden können.

Zu 2

Dieses Zitat entstammt der *Tabula Smaragdina*, die dem Hermes Trismegistos zugeschrieben wird. Es zeigt, dass ihr Autor zu den frühen Kabbalisten gehörte. In der Kabbalah entspricht die Richtung *Unten* GIMEL und *Oben* BET. Philosophisch beziehen sich diese beiden Begriffe auf die höhere bzw. niedere Natur des Einen Lebens, wie es in den Meditationen dargelegt wird. Diese Lehre ist eng mit der Bhagavad-Gita verwandt, so dass man glauben könnte, der Autor wäre einem der wandernden Hindu-Philosophen begegnet.

Zu 4

Man vergleiche die Worte dieses Abschnitts mit der Symbolik von Schlüssel 2, Die Hohepriesterin. Der Satz: »… deren Reinheit durch nichts befleckt werden kann«, besagt, dass, gleichgültig wie viele Formen aus der jungfräulichen Substanz entstehen, sie selbst immer unverändert bleibt. Wie Wasser, in dem Materie enthalten oder gelöst ist, bleibt diese Substanz immer sie selbst. Hierin verbirgt sich ein Schlüssel zum alchemistischen Mysterium der Ersten Materie. Hier finden wir aber auch den Schlüssel zur inneren Bedeutung des Jungfrauen-Mythos aller Religionen.

| 3 | DIE KAISERIN | 7 |

MEDITATION ÜBER DALET

1 ICH BIN die Tür des Lebens,
Der Durchgang von der Welt der Ideen
In die Welt der Formen.
Wenn Ich mich zum Ausdruck bringe,
Nehme Ich in der Substanz Gestalt an.
Aber die Kraft, die in dieser Substanz wirkt,
Ist die unumschränkte Macht meiner
                         ausströmenden Ideen.

2 Bedenke wohl, oh Israel,
Welches Wissen du von mir
In den heiligen Buchstaben besitzt.
Denn, wie geschrieben steht,
Wurde mit ihnen das Universum erschaffen.

3   In ALEF
Biete Ich mich als die Quelle
Des ewigen Lebens dar,
Um in Selbsthingabe die schwere Last
Der Schöpfung zu tragen.

41

In BET
Siehst du mich als den Urwillen,
Der im Voraus
Die Grenzen des Universums bestimmt,
Der mein Sein
Zum Wohnort für alle Kreaturen macht.
    Denn es steht geschrieben:
»Herr, du warst unsere Wohnung
Von Geschlecht zu Geschlecht,
Ehe die Berge sich erhoben,
Ehe du die Erde und die Welt erschaffen hast.«

In GIMEL
Zeigt sich meine vollkommene Weisheit,
Die alle scheinbaren Gegensätze vereinigt
Und überall in der Schöpfung das Gleichgewicht
Aller widerstreitenden Kräfte herstellt.

4   Nun, als DALET,
Biete Ich mich als Pforte dar,
Durch die das Leben,
Das ewig und unbegrenzt ist,
In das Reich der zeitlichen
Und begrenzten Schöpfung eintritt.

Das große Tor ist BINAH,
Und BINAH ist AIMA,
Die fruchtbare Mutter von allem, was lebt.
Sie ist die »Ersehnte«, das »köstliche Ding«,
Begehrter als Rubine und edles Gold.

Sie ist beides, Vater und Mutter,
Denn ihre Fruchtbarkeit
Entstammt dem JOD der höchsten Weisheit.

5   Sie ist der Gedanke,
Der den Plan des Daseins spinnt,
Dieses Gewebe der Manifestation,
Das den Geist der Törichten verwirrt
Und den Weisen,
Die das Geheimnis ihres Mysteriums kennen,
Verstehen schenkt.

In ihr ist die Fülle des Tetragrammaton verborgen,
Und in diesem Tor der Verwirrung
Verbirgt sich auch der Sohn,
Der aus allem und in allem ist.

6   Dies ist das Eingangstor für Leben und Form,
    Durch das jedoch auch Streit und Tod gelangen,
    Wie es die Zahl von DALET zeigt.
    Denn Dalet, דלת, 434, ist auch 11,
    Und 11 ist die Teilung, die Hälfte von 22,
    Der Zahl, die den vollen Kreis der Schöpfung
                                        darstellt.
    Darum ist die Tür eine Ursache der Getrenntheit
    Und dass eins dem anderen gegenübersteht.
    Und darum steht geschrieben,
    Dass der Herr »ein Mann des Krieges« sei -
    Denn in diesen Worten ist DALET, דלת, verborgen.

7   Ich bin das Wissen der Weisen,
    Und in mir hat die Unwissenheit der Törichten ihre
                                        Wurzel.
    Aus mir gehen alle Bedingungen hervor –
    Das Böse ebenso wie das Gute.
    Ohne Maß und Grenze zu setzen,
    Kann nichts entstehen,
    Und ohne scheinbar Böses
    Kann es keine Schöpfung geben.

8   Schöpfung gründet im grenzenlosen Leben.
    Doch um der Manifestation willen
    Steigt dieses Leben herab in die Illusion
        Von Zeit und Raum.
    Und das, was weder Ende noch Anfang hat,

Erscheint, als ob es geboren würde,
Um dem Tod entgegenzugehen.

Durch diese Illusion
Werden die Unwissenden getäuscht,
In denen das Licht meiner Weisheit
Noch nicht aufgegangen ist.
Ihrer Selbsttäuschung
Entspringen die falschen Wünsche,
Und diese falschen Wünsche
Führen zu unredlichem Handeln.

Doch nichts vollzieht sich ohne meine Kraft,
Und in Wirklichkeit
Bin Ich der Handelnde in diesen Getäuschten
    So wahr, wie in jedem Weisen.
Aus dem Feuer des Schmerzes und des Leids,
Das sie durch ihre Unwissenheit noch schüren,
Werden sie zu gegebener Zeit hervortreten,
Gereinigt von den Schlacken der Täuschung,
Als strahlende Ebenbilder meines goldenen Selbst.

9   Meine schöpferische Kraft tritt aus mir hervor
Und erzeugt den Anschein einer weiteren Kraft.
    Wisse aber, oh Israel,
Dass es nichts gibt außer mir.
Ich allein bin der Wissende und der Handelnde –
    Der Eine ICH BIN,
Ob Ich allein bin und nicht offenbart
Oder in der Vielfalt des Erschaffenen erscheine.

10　Die ursprüngliche Kraft meiner Ideen
　　Verweilt unaufhörlich in ATZILUTH.
　　Von dort fließt sie durch das Tor des Verstehens
　　In die drei Welten herab.
　　　　Wie es geschrieben steht:
　　»Durch sein Verstehen hat Er die Himmel
　　　　　　　　　　　　　　　　　errichtet.«

Ich bin der fruchtbare Schoß,
Aus dem alle Geschöpfe geboren werden.
　　Ich bin die Mutter der Mütter,
Daher wird geboten:
»Ehre Vater und Mutter,
Auf dass du lange lebst in dem Land,
Das der Herr, dein Gott, dir gegeben hat.«

Denn Ich bin dein Vater und auch deine Mutter.
Und wenn du mich, der das Leben gibt, ehrst,
Wirst du schließlich den Sieg davontragen,
　　Sogar über den Tod.

KOMMENTAR ZU DALET

* * * *

ד

Aussprache: D
Zahl: 3
Zahlenwert: 4
Bedeutung: Tür, Tor

Die Leuchtende Intelligenz

Zu 1

DALET ist das Zeichen der vereinigten Wirkkraft von
KETHER und CHOCHMAH, oder von 1 und 2, ausgedrückt
durch 3. Daher war das ursprüngliche hebräische Symbol für DALET ein Dreieck, obwohl der Zahlenwert des
Buchstabens 4 ist. Die Zahlenwerte der Buchstaben stehen ganz offensichtlich im Widerspruch zu den Zahlen
der Sephiroth und der Tarotschlüssel mit den entspre-
chenden Buchstaben. Im Alphabet ist 1 jedoch das ursprüngliche EINE ohne ein Zweites. In unseren Zahlen
wird diese absolute Einheit durch das Zeichen 0 ausgedrückt. Unsere Ziffer 1 steht für die erste göttliche Emanation, die bereits die Duade und die Triade beinhaltet.

KETHER, 1, ist BET, das HAUS von *Ain Soph Aur*. BET entspricht im Alphabet 2; doch wird BET auch dem Magier, also in der Tarotreihe 1 zugeordnet, denn 0, Der Narr, Symbol des reinen Geistes und der Nicht-Zahl, geht der Idee der relativen Einheit voraus, die durch 1 repräsentiert wird. Die Nichtzahl, oder 0, folgt aber auch jeder anderen Zahl, ähnlich, wie die hinduistische Philosophie sagt, dass sich der Äther bzw. Akasha stets zwischen zwei manifestierten Elementen befindet. Der logische Platz für Null ist daher vor der 1. Sie ist aber auch die Wirklichkeit, die sich als 1 oder jede andere Zahl manifestiert oder das, was sich zwischen zwei aufeinanderfolgenden Zahlen befindet. Denn selbst in der Umgangssprache erhält man auf die Frage: »Was steht zwischen 1 und 2?« die richtige Antwort: »Nichts.«

Zu 2

Die Vorstellung, dass das Universum mit den Buchstaben des Alphabets erschaffen wurde, ist in der kabbalistischen Lehre allgemein bekannt. Ihr begegnet man auch in der Hindu-Lehre, die besagt, dass die den Buchstaben zugeordneten Energien die erschaffenden Kräfte des Kosmos sind. (Siehe *Die Schlangenkraft*, sowie *Shakti und Shakta* von Arthur Avalon)

BINAH, Verstehen, wird auch AIMA, die Mutter genannt. In diesem Abschnitt wird sie »die Ersehnte« bzw. »das köstliche Ding« genannt, weil der Zahlenwert von AIMA, 52, auch der des Wortes חמד, *xamad,* ist, mit der Bedeutung von »etwas Begehrenswertem, etwas Köstlichem«.

Die Sephirah BINAH ist »... beides, Vater und Mutter«, denn:

1) Das Wort אימא, AIMA, wurde aus einem anderen Substantiv gebildet. AMA, אמא, die dunkle, unfruchtbare Mutter, wird durch Einschieben des Buchstabens JOD (י) zwischen dem ersten und dem zweiten Buchstaben von AMA zu AIMA, von אמא zu אימא. JOD wird der »väterliche Buchstabe« genannt, nicht nur wegen seines Namens, »Hand«, der eine Umschreibung für Phallus ist, sondern weil JOD in der kabbalistischen Philosophie der Sephirah CHOCHMAH zugeordnet wird, und CHOCHMAH auch AB, der Vater, genannt wird.

2) AIMA hat den Zahlenwert 52. Dies ist auch der Wert des besonderen Gottesnamens, der mit Vaterschaft in Verbindung gebracht wird, wenn dieser Name »in seiner Fülle geschrieben« wird, d.h. wenn statt der einzelnen Buchstaben die Buchstabennamen, JOD HE VAV HE, יוד הה וו הה, ausgeschrieben werden. Das erklärt auch folgenden Satz: »In ihr verbirgt sich die Fülle von Tetragrammaton«, denn Tetragrammaton ist die kabbalistische Bezeichnung des Gottesnamens, der aus vier Buchstaben besteht: JHVH, יהוה.

»Tor der Verwirrung« bezieht sich auf den Buchstabennamen DALET, der »Tür, Tor, Pforte« bedeutet. Verwirrung, weil in der Kabbalah dem Buchstaben DALET das
Gegensatzpaar WEISHEIT und TORHEIT zugeordnet wird.
Es heißt, dass hierin der Sohn verborgen ist, da das Wort
BEN, בן, *Sohn*, ebenfalls den Zahlenwert 52 hat, wie AIMA.
Und weil DALET, wie hier ersichtlich, mit BINAH gleichgesetzt wird, bezieht sich der Text auf die kabbalistische
Lehre, dass in BINAH beide, VATER und SOHN, enthalten
sind. Denn BINAH wird folgendermaßen buchstabiert: בינה.
Es enthält also JOD, י, den Buchstaben des Vaters, sowie
HE, ה, den Buchstaben der Mutter, und von BEN, בן, das
hebräische Wort für Sohn.

Die Quersumme von 434 ergibt 11. In der Kabbalah
repräsentiert die Zahl 22 den gesamten Zyklus der Schöpfung, weil 22 die Anzahl der Buchstaben des hebräischen
Alphabets ist. So sagt das *Sepher Jetzirah [Das Buch der
Formgebung]*: »22 Grundbuchstaben: Er entwarf sie, er
formte sie, er reinigte sie, er wog sie und er tauschte sie
aus, jeden mit allen. Mit ihrer Hilfe erschuf er die gesamte Schöpfung und alles, was (danach) noch erschaffen
werden sollte.« Daher hält der Autor DALET, דלת, 434,
für ein Symbol der Teilung, ähnlich, wie eine Tür das
Innere eines Hauses von der Umgebung des Hauses
trennt, weil 434 die Quersumme 11 ergibt, die Hälfte
von 22.

Der Buchstabenname DALET, דלת, ist in dem Satz verborgen: »Der Herr ist ein Mann des Krieges«, weil der hebräische Name für »Mann des Krieges« wie folgt lautet: איש מלחמה, *'isch milxama,* vgl. Exodus 15:3, mit dem Zahlenwert 434, dem gleichen wie der von DALET, דלת.

Zu 10

ATZILUTH ist die höchste der vier kabbalistischen »Welten«. Es ist die archetypische Welt, die mit Platos Welt der Ideen vergleichbar ist. Darunter ist BRIAH, die schöpferische Welt oder die Welt der geistigen Muster. Ihr folgt JETZIRAH, die Welt der Formgebung oder die Ebene der unsichtbaren Kräfte. Die vierte und unterste Ebene ist ASSIAH, die materielle Welt oder die Welt der Handlungen und der Dinge.

4   **DER KAISER**   ⊓

MEDITATION ÜBER HE

1   Was auch immer du wahrnimmst –
    Erkenne mich als die Essenz,
    Als die Idee,
    Und als die innere Natur.
Dadurch kommt der Weise
    Auf vielerlei Pfaden mühelos zu mir.
Doch in Wahrheit sind die unterschiedlichen Wege
    Nur ein einziger Weg.

Wenn du in die Natur
Selbst des unscheinbarsten Dinges eindringen
                                    kannst,
Wirst du mich dort finden.
Dies ist der Schlüssel
Zum Geheimnis der heiligen Buchstaben.

Hefte deinen Sinn auf das vor dir liegende Wort,
Buchstabe für Buchstabe,
Bleibe dabei und meditiere darüber.
Dann wird dir die innere Natur des Gegenstandes
offenbar.

Auf diese Weise wirst du dich
Einigen der Wesensseiten meines Seins nähern.

2   Betrachte nun die verborgene Bedeutung von HE.
Denn so, wie Ich die Essenz
Und die Idee und die innere Natur
Von jedem Ochsen, von jedem Haus,
Von jedem Kamel und von jeder Tür bin,
Bin Ich auch die Essenz
Und die Idee und die innere Natur
Eines jeden Fensters.

Wenn du über die innere Natur eines Fensters
nachsinnst,
Wirst du bald bemerken, dass jedes Fenster
Auch etwas vom Wesen einer Tür hat,
Weil beide die Öffnungen
In der Wand eines Hauses sind.

3   Das Haus ist KETHER,
Die Krone des Urwillens.
Und die Tür ist BINAH,
Das Tor des Verstehens.

Und so, wie man beim Errichten des Hauses
An eine Tür denkt,
Denkt man beim Bau der Tür an ein Fenster.
Deshalb erklären jene,
Die in der geheimen Weisheit unterwiesen wurden,
Dass CHESED, der Pfad des Wohlwollens,
Ebenso von BINAH, dem Tor des Verstehens,

                                  hervorgeht,

Wie die Idee des Fensters
Der Idee der Tür entspringt.

   Denn Ich bin barmherzig,
Weil mein Verstehen
   Die geheime Natur aller Dinge umfasst,
Und meine liebende Güte die Frucht
   Meiner Unterscheidungskraft ist.

4 Noch einmal: Ein Fenster ist aus dem gleichen Grund
In die Wand eines Hauses eingelassen
Wie das Auge in den Kopf:
Damit die Bewohner herausschauen können
Um zu sehen, was draußen geschieht.
So steht im *Buch der Formgebung* geschrieben,
Dass der Buchstabe HE der Fähigkeit des Sehens

                                  entspricht.

Dies bezieht sich auf meine Kraft des Sehens
Die sich von der deinen dadurch unterscheidet,
Dass ihr niemals etwas entgeht,
Und alle Dinge in ihrem wahren Licht erscheinen.

Es steht geschrieben:
»Die Augen des Herrn sind überall,
Sie schauen auf das Böse und das Gute.«
    Und weil Ich,
Der im Hause des höchsten Willens wohnt,
Alle Dinge so sehe, wie sie wirklich sind,
Hat mein Sehen
Nicht den Makel einer falschen Beurteilung.
    Schauend verstehe Ich.
    Und weil mir nichts verborgen bleibt,
    Darum bin Ich barmherzig.

5   Aber der Pfad meiner Barmherzigkeit
    Bleibt den Uneingeweihten verborgen,
    Da sie meine vollkommene Schau
    Nicht erlangt haben.
    Leichter ist es, den Flug eines Adlers zu verfolgen,
    Denn mein Weg übersteigt
    Das Fassungsvermögen des menschlichen Geistes.

    Wie es geschrieben steht:
    »Siehe, Er geht neben mir, und ich sehe Ihn nicht.
    Er geht vorüber, und ich nehme Ihn nicht wahr.«
    Doch das Geheimnis dieses Weges
    Ist verborgen in deiner Brust, oh Israel.

6 Denn mein Weg ist der Weg des Wortes,
Und das Wort ist in deinem Herzen verborgen.
Es ist das schöpferische Wort,
Das alle Dinge ins Dasein ruft.
    Hierin liegt ein Geheimnis,
Denn im Buchstaben HE ist das Wort verborgen,
Und das Wort ist wahrhaft sowohl ein Sehen
Als auch eine Stimme.
Für mich gibt es keinen Unterschied
Zwischen Sprechen und Sehen.
In Wahrheit bringe Ich mich zum Ausdruck,
Indem Ich sehe.

    Den Nichtunterwiesenen
    Ist das Hervortreten des Schöpferischen Wortes
    Wie Nebel und Dunst.
Denn das Dasein ist wie ein Schleier,
Der meine wahre Natur vor ihren Augen verhüllt.
    Versteckt und nicht wahrnehmbar
    Ist die Essenz meines Wesens,
Von dem die Weisen sagen:
»Verborgen durch alle Verborgenheiten.«

7   Am Tage,
Wenn deine Sinne
Mit ihren verschiedenen Aufgaben beschäftigt sind,
    Siehst du mich – wenn überhaupt –
Nur so, wie deine Ahnen mich sahen:

57

Nicht anders als eine Wolkensäule,
Die vor dir herzieht,
Verschwommen und unbestimmt.

Bei Nacht jedoch,
Wenn deine Sinne in sich zurückgezogen sind,
Und dein Geist nicht mehr fortgetragen wird
Von der Vielfalt der Dinge,
Wirst du mich deutlicher erkennen
Als eine Säule aus lebendigem Feuer.

Siehe, sie wird stets mit dir sein,
Wenn du diese Worte verstehen kannst,
Und wenn du erkennst,
Was der Tag
Und was die Nacht ist.

8 Keiner sah mich je von Angesicht zu Angesicht,
Denn Ich bin Wegbereiter von allem, was ist.
Daher gehe Ich, oh Israel,
Auf dem Weg des Lebens stets vor dir her.

Und der ganzen Menschheit sei gesagt,
Was schon Moses gesagt wurde:
»Du wirst meinen Rücken sehen,
Nicht aber mein Angesicht.«

Wie weit du auch gehen magst,
Ich bin schon vorübergegangen.
Niemals wirst du mich sehen als den, der Ich bin,
Sondern mich in dem erkennen, was Ich bewirke.
Der Weise findet mich durch meine Werke.

9　Niemand nimmt mich wahr als Vater,
Ehe Ich nicht, als Mutter,
Die Geschöpfe hervorgebracht habe.
Zeichen und Symbol dieser Wahrheit ist,
Dass im Alphabet das He dem Dalet folgt.
　　Ebenso wie AIMA, die Mutter,
Das JOD von AB, dem Vater, verbirgt,
So verbirgt auch HE,
Obwohl es die Weisen die Mutter nennen,
»Durch welche die Schöpfung stattfand«,
Das gleiche väterliche JOD.
Denn HE, in seiner Fülle, ist die Zahl Zehn.
Der Buchstabe HE ist meiner väterlichen Gnade
　　　　　　　　　　　　　　zu eigen,
Weil in der Zahl Vier,
Die CHESED, der Gnade, zugehört,
Die Zahl Zehn enthalten ist,
Ähnlich verborgen wie im Wort »Fenster«.
Und in dieser unerschöpflichen Gnade
Liegen die Schätze des Königreichs verborgen.
Denn die Dekade ist das Königreich,
Und die Dekade ist in CHESED verborgen.

10 Sieh mich darum als das väterliche JOD,
Das der gesamten Schöpfung Leben verleiht.
    Nicht mit Händen gemacht, sondern gezeugt
Ist dieses Universum, von dem du
    Zugleich ein Teil und das Ganze bist.

Aus meiner Substanz sind alle Dinge gemacht.
Und freizügig schenke Ich mich jedem.
Jene kennen mich wahrhaftig, die verstehen,
Dass es meine Natur ist zu gebären
Und hervorzubringen.

    Das gesamte Universum
Ist ein Ausdruck meines Urwillens,
Frucht zu tragen.

11 Schon in der Genesis kannst du lesen,
Dass zuerst das Licht erschaffen wurde,
Und das wussten die Weisen
    Seit Anbeginn.
Wer sein Antlitz nach Osten wendet,
Ehrt mich mit Weisheit,
    Denn das Aufleuchten der Morgenröte
    Ist das Urbild all meiner Werke.

12 Die gesamte Schöpfung
Ist die Ausstrahlung des Grenzenlosen Lichtes,
   Das Ich bin.
   Doch wird niemals ein natürlicher Mensch
Zum Quell dieses göttlichen Strahlens gelangen.
   Keiner kann mich erfassen.
   Und für den, der danach trachtet,
   Mich im Netz der Gedanken zu fangen,
   Bin Ich der Ewig Flüchtige.
Doch wenn Ich mich auch der Verfolgung
                              entziehe,
So bin Ich doch Ursprung und Stütze sogar derer,
Die mich verfolgen.

In Wahrheit bin Ich die Nahrung aller Wesen.
Das Brot, das du isst, ist mein Leib.
Der Wein, den du trinkst, ist mein Blut.
Weil die Schöpfung
Mit dem Buchstaben HE stattfand,
Ist dieser Buchstabe die Grundlage
Alles Erschaffenen,
Der Stoff, aus dem jede Form aufgebaut ist,
Das, was jedes Bedürfnis stillt.

13   All das bin Ich.
Doch weil niemand mich jemals
In das Netz der Gedanken einfangen kann,
Spricht der wahr, der seine Hand auf etwas legt
– Sei es, dass man es achtet oder für wertlos hält –
Und fragt:
»Bittest du mich, dir den Herrn zu zeigen?
Wahrlich, hierin wirst du Ihn finden,
Wenn du Augen hast, zu sehen.«

KOMMENTAR ZU HE

* * * *

Aussprache: H
Zahl: 4
Zahlenwert: 5
Bedeutung: Fenster

Die Konstituierende Intelligenz

Die ersten beiden Abschnitte dieser Meditation legen die grundlegende Voraussetzung dar, auf der die kabbalistische Meditationspraxis beruht. Der dritte Abschnitt stellt die Beziehung zwischen HE, dem Fenster, und DALET, der Tür, her, vergleichbar der Beziehung zwischen CHESED, Gnade, und BINAH, Verstehen. Der vierte Abschnitt beschreibt die kabbalistische Zuordnung des Seh-Sinnes zum Buchstaben HE.

Zu 5

In diesem Abschnitt finden wir zwei Beispiele der Gematria: beide im Satz »...denn mein Weg übersteigt...« Im Hebräischen bedeutet דאה, *da'a, fliegen, sich emporschwingen*. גבי, *ga'voa* bedeutet »hoch, sich erhebend«.

63

Der Zahlenwert beider Wörter ist 10, der gleiche Wert wie der von He, הה.

Ein weiteres Beispiel der Gematria findet sich in dem späteren Satz dieses Abschnitts, denn die Worte: »... das Geheimnis ... ist verborgen in deiner Brust«, gründen offensichtlich in dem gleichen Zahlenwert von חב, *xov*, »Versteck, Brust«, und dem Buchstabennamen He, הה.

Zu 6

»Denn im Buchstaben He ist das Wort verborgen.« Der Zahlenwert des Buchstabennamens He ist 10, der sich zu 1 reduziert, dem Zahlenwert von Alef, und Alef repräsentiert das schöpferische Wort (den göttlichen Namen JHVH), durch das alle Dinge ins Leben gerufen werden.

Der Satz: »In Wahrheit bringe Ich mich zum Ausdruck, indem Ich sehe,« der sich auf die Zuordnung des Sehens zu He bezieht, bedeutet, dass sich das Universum durch die Selbstbetrachtung des Geistes manifestiert. »... wie Nebel und Dunst«, das hebräische Substantiv אד, *'ed*, »Nebel, Dunst,« hat den Zahlenwert 5, der gleiche Wert wie der des einzelnen Buchstabens He.

Zu 9

He wird »... die Mutter, durch welche die Schöpfung stattfand« genannt, weil H der 2. Buchstabe von Tetragrammaton, JHVH, יהוה, ist und Binah zugeordnet wird, die Aima, die Mutter, ist. Jod ist in He enthalten, denn der Buchstabenname He, הה, und der Buchstabe Jod, י, haben den gleichen Zahlenwert 10.

Zehn ist in Vier, der Zahl der Sephirah CHESED, verborgen, denn 4 setzt die Existenz von 1, 2 und 3 voraus, so dass sie als 1 plus 2 plus 3 plus 4 auch als 10 verstanden werden kann. Hier stimmt die Kabbalah mit der pythagoräischen Zahlenmystik überein. Wenn CHESED als die Zahl 4 gesehen wird, liegen darin »... die Schätze des Königreichs verborgen«, weil 10 auch die Zahl der Sephirah MALCHUTH, des Königreichs, ist.

Zu 10

Die Worte »... Frucht zu tragen«, die diesen Abschnitt zusammenfassen, sind ein weiteres Beispiel der Gematria. Das hebräische Wort אבב, 'avav, bedeutet »blühen, Frucht tragen«. Es hat den Zahlenwert 5, wie der Buchstabe HE.

Zu 11

»Wer sein Angesicht nach Osten wendet« – diese Worte, sowie der nachfolgende Text, beziehen sich auf die Zuordnung der Himmelsrichtung Osten zum Buchstaben DALET, der HE im Alphabet vorausgeht.

Zu 12

»Der Ewig Flüchtige« leitet sich von אגא, 'age, ab, was »der Flüchtling« bedeutet. Dieses Wort stammt ursprünglich aus dem Arabischen. Es hat den Zahlenwert 5, den gleichen wie der Buchstabe ה.
»Nahrung« heißt im Hebräischen בג, bag, ein Wort, das aus dem Persischen stammt. Es hat ebenfalls den Zahlenwert 5.

| 5 | DER HIEROPHANT | ٦ |

MEDITATION ÜBER VAV

1   Als das, was alle Dinge
    In der Welt des Offenbarten verbindet,
    Bin Ich zu Recht als VAV, der Nagel, bekannt.
    Da Ich alles und in allem bin,
    Stelle Ich das Bindeglied dar, oder das Band,
    Das alle Teile zu einem Gefüge
    Des Bestehenden vereinigt.

    Im gesamten Universum steht nichts für sich allein.
        Durch unlösbare Bande
    Ist alles mit allem verknüpft.

2   Hinter den getrennten Existenzen
    Steht die Einheit meines Seins,
    Das wie ein Netz
    Die verschiedenen Formen zusammenhält.
    Nichts steht für sich allein,
    Alles ist miteinander verbunden.
    Wenn Dinge Gestalt annehmen,
    Müssen sie den Schein der Getrenntheit haben.

Und wenn Ich meine Macht offenbare,
Muss das von mir Erschaffene
Anders erscheinen als Ich Selbst.

Weil Ich völlig frei bin,
Biete Ich mich
In der unendlichen Vielfalt der Formen
Mir selbst dar.
Doch ist die scheinbare Einteilung
In Arten und Klassen,
Das Getrenntsein der Geschöpfe,
Nur eine Illusion, die mich nicht täuschen kann,
Und auch jene nicht,
In denen das Licht meiner Weisheit heranreift.

3   Unergründet und unergründbar
      Ist die Große Tiefe
      Meiner inneren Natur.
Aus dem nicht auslotbaren Abgrund des Nichts
      Erhebt sich mein Ewiger Wille,
      Und wenn dieser Wille sich regt,
      Tritt das Nichtsein hervor
      Und erscheint als das Dasein.

4   Dieser Wille ist der Kleine Punkt jedes Anfangs,
Und sein Hervortreten
Ist eine Suche nach sich selbst.
      Denn dieser Wille ist ein Hunger
      Und ein Verlangen
      Und ein Sehnen.

Da meine Natur unveränderlich ist,
Wandelt sich auch dieses tiefe Sehnen nicht.
Es ist etwas,
Das vor aller Manifestation beschlossen war,
Ein Ziel, das unumstößlich festliegt,
Eine Bestimmung,
Die Ich durch meine Erfahrung bekräftige.
Aus diesem Sehnen
Entstehen die Grenzen des Universums.
 Mit ihm ziehe Ich den Kreis um das Etwas,
Das aus der grenzenlosen Tiefe
Des Nichts hervorbricht.
Daher ist dieses Sehnen
Die Wurzel von GEBURAH, der Strenge,
Denn sie schränkt die Freiheit des Nichts ein
Und erweckt so den Anschein
Von Begrenzung und Getrenntheit.

5 Der Nagel ist ein vollkommenes Symbol dieser
Strenge.
Sie besitzt, wie die Spitze eines Nagels,
Härte und Schärfe.
Und so, wie der Nagel
Die Teile eines Hauses zusammenfügt,
So bindet das Verlangen zu erschaffen
Die Teile des Universums – meines Wohnsitzes –
zusammen.

6 Diese Geheimnisse, oh Israel,
Sind schwer zu verstehen.
All dein Suchen reicht nicht aus,
    Um sie zu ergründen,
Es sei denn, du suchst auf die rechte Weise.
Steht doch der Weg zum Verstehen all denen offen,
Die ihm beharrlich folgen.
    Es ist der Weg des Herzens,
    Auf dem du durch dein inneres Hören
    Führung findest.

7 Vor allem diese Seite meiner Natur,
Die sich unter dem Zeichen des Buchstabens VAV
    zeigt,
Ist Verheißung und Erfüllung des Weges des Lebens.
Indem Ich mich als Bindeglied
Zwischen den einzelnen Teilen meiner Schöpfung
    offenbare,
Gebe Ich mich als das Band zu erkennen,
Das Geschöpf mit Geschöpf,
Und dieses mit seinem Schöpfer vereinigt.

    Der Schöpfer bin Ich,
Und Ich bin der Nagel, der dich mit mir verbindet.
    Immer bin Ich in dir anwesend,
Und wenn du dich nach innen wendest,
Wirst du mich finden.

Verschließe deine Ohren
Vor der Verwirrung der Welt, die dich umgibt.
   Öffne dein inneres Hören.
   Verlange ernsthaft nach mir.
Wahrlich, dein Sehnen entspringt in mir,
Und was dich suchen lässt,
Ist das gleiche tiefe Sehnen, das dich
Und ebenso die vier Welten erschuf
Und alles, was in ihnen enthalten ist.

8   Dein Suchen nach mir
   Ist mein Suchen nach mir selbst,
   Und diese meine Suche,
   Die du jetzt für deine eigene Suche
Nach Weisheit und Verstehen hältst,
   Ist nicht zum Scheitern verurteilt.
Du, der du diese Worte liest oder hörst,
Wisse, dass du zu mir kommen wirst.

9   Ich bin es, der alle Mysterien enthüllt.
Einen anderen Lehrer der Menschheit gibt es nicht.
   Sind denn diese Worte, die du hier liest,
   Oder die dir vielleicht vorgelesen werden,
   Nicht meine Worte?
Ich rief dich zu mir, um dich zu unterweisen.
Und ob du meine Lehre bereitwillig empfängst
   Oder nicht,

Wisse, dass du von diesem Tage an,
Nur durch das Hören oder Lesen dieser Worte,
Bewusst mit mir verbunden bist.
Heute magst du mich noch zurückweisen,
Heute magst du meine Worte noch missachten,
    Doch wird dich von nun an
    Meine Stimme für alle Zeit begleiten.
Wenn du schläfst, wird sie dich lehren,
Ja, selbst wenn du geschäftig
Die Dinge des Alltags bewältigst,
Wird sie plötzlich in deinem inneren Ohr erklingen.

10 Auf ewig bist du mit mir verbunden,
        Und in einem Tag,
        Oder einem Monat,
        Oder einem Jahr,
        Oder einem Leben,
        Oder hundert Leben
Wirst du es wissen, so wie Ich es weiß.
Und wenn du dieses Ziel erreicht hast,
        Was ist dann schon ein Tag,
        Oder ein Monat,
        Oder ein Jahr,
        Oder ein Leben,
        Oder hundert Leben?
Die Zeit steht still für jene, die zu mir kommen.

Deine Suche wird vergessen sein,
Wenn du das Ziel erreicht hast.

KOMMENTAR ZU VAV

* * * *

ו

Aussprache: V oder U
Zahl: 5
Zahlenwert: 6
Bedeutung: Nagel

Die Triumphierende und Ewige Intelligenz

Einschließlich Abschnitt 4 bedarf der Text kaum einer Erklärung: Wer Jakob Böhmes Werke kennt, sieht eine enge Verbindung zwischen seiner Lehre und der von Abschnitt 3. Der Satz im 4. Abschnitt »... ein Hunger, ein Verlangen, ein Sehnen« basiert auf dem Verb אוה, *'ava, wünschen, ersehnen,* mit dem Zahlenwert 12, der gleiche wie der des Buchstabennamens וו, Vav.

Zu 5

»Sie besitzt ... Härte und Schärfe« bezieht sich auf das Adjektiv חד, *xad, scharf,* mit dem gleichen Zahlenwert 12, wie אוה, *'ava.* Die Vorstellung, die Teile des Universums zusammenzufügen, könnte von dem Wort גבא, *'geve,* Behälter, Vorrat, herrühren, dessen Wurzel »sammeln, etwas auflesen« bedeutet. Der Zahlenwert von גבא, *'geve,* ist 6, der gleiche wie der von Vav, ו.

73

6 | **DIE LIEBENDEN** | ז

MEDITATION ÜBER ZAJIN

1 ICH BIN das Schwert,
   Das Schwert, das Verstehen ist,
   Das in der Morgendämmerung der Schöpfung
   Die Dunkelheit und das Licht scheidet.

2   Nicht durch Hinzufügen
   Wird die Vielfalt der Geschöpfe
   Ins Leben gerufen,
   Denn Ich, die Quelle von allem, bin eins,
       Eins und allein,
   Wie geschrieben steht:
   »Nichts ist außer mir.«

   Wahrlich, der Anfang aller Dinge
   Ist Teilung, wie Moses sagt:
   »Am Anfang schieden die Elohim
   Himmel und Erde.«

3 Das, was daher den halbblinden Augen
   Als etwas anderes erscheint als Ich selbst,
   Was dem Getäuschten vorkommt als etwas,

Das Ich mit meiner Hand zwar formte,
In das Ich aber nicht einzudringen vermag,
Das erkennt der Weise
Als die Seite meines Wesens,
Die Ich durch die unergründliche Kraft,
Mich selbst zu spiegeln,
Von mir sonderte, um sie zu betrachten.

Diese Kraft der verborgenen Weisheit
Nenne die MUTTER.
 Es ist die Kraft des Verstehens,
 Und auch die Kraft der Elohim.
Denn in BINAH werden die Elohim eingesetzt,
Und ihre Throne sind in Ihr aufgestellt.

 Mein sind die Throne,
 Mein sind die Kräfte der Elohim,
Und Ich, den die Menschen als Vater ehren,
Bin den Weisen auch als die Große Mutter bekannt,
In deren Namen
Die Namen des Vaters
Und des Sohnes verborgen sind.

4 Dieser Name ist das scharfe Schwert,
Mit dem sich das Eine, das Ich bin,
In die Vielfalt teilt.

Von BINAH aus nimmt
Das scharfe Schwert seinen Weg,
Und mit seiner trennenden Kraft

Spalte Ich meine Einheit
Und teile mich in Zwei,
In Vater und Mutter.

Dies kannst du in ZAJIN erkennen,
Dessen Anfang das Schwert der Teilung,
Dessen Mitte das väterliche JOD ist,
Und dessen Ende durch den Zahlenwert
Auf das Tor der Mutter weist.

Hier solltest du auch
Die Elohim erkennen,
Denn es sind Sieben,
Und die Lichter der göttlichen Emanation,
Denn es sind Zehn,
Und die Tore des Verstehens,
Denn es sind Fünfzig.

Auf diese Weise zeigt sich in ZAJIN, dem Schwert,
Ein Bild aller Dinge, die gewesen sind,
Die sind und die zu gegebener Zeit sein werden.

5   Und das Schwert bricht
Aus dem Herzen der Mutter hervor
Und führt in das Herz des Sohnes -
Und sein Weg ist der Pfad
Der Verfügenden Intelligenz.

Dieser Pfad wird am Ort der Höchsten
Das Fundament der Schönheit genannt.

Und warum wird er so genannt?
Weil er in BINAH entspringt
Und sich fortsetzt bis TIPHERETH.
Und die gleiche Binah ist daher
Das FUNDAMENT der Schönheit;
Doch ist ihr Platz unter den Höchsten,
Da Sie die zweite Emanation aus der Krone ist.

6   Auch auf eine andere Weise ist BINAH
Das Fundament der Schönheit,
Ist sie doch AIMA, die Mutter,
Und diese gleiche AIMA ist, durch den Zahlenwert,
Eins mit Ben, בן, dem Sohn, der TIPHERETH ist.

Diese Mutter ist das Große Meer,
Doch ist die Kraft,
Die auf dem Pfad des Schwertes auflodert,
Eine feurige Kraft,
Denn das Meer ist die Sphäre von Schabathai,
Der geheimen Wohnstätte des FEUERS.

Das FEUER des Vaters
Ist eingeschlossen im WASSER der Mutter.
Und aus diesem FEUER und aus diesem WASSER
Geht die LUFT des Pfades des Schwertes hervor.

Und diese LUFT
Ist der Atem meines Engels Raphael,
Der mein Wort gerecht bemisst,
Und der als Herr im Zeichen der Zwillinge regiert.

KOMMENTAR ZU ZAJIN

* * * *

Aussprache: weiches S
Zahl: 6
Zahlenwert: 7
Bedeutung: Schwert

Die Verfügende Intelligenz

Zu 1

»Das Schwert, das Verstehen ist«. Der Buchstabenname ZAJIN bedeutet »Schwert«. Der Zahlenwert von ZAJIN, זין, 67, ist der gleiche wie der von BINAH, Verstehen.

Zu 2

»Der Anfang aller Dinge ist die Teilung«. In der Bibel heißt es: »Am Anfang schuf Gott …« Die wörtliche Übersetzung des Verbes ברה, *bara*, aber lautet »herausschneiden, trennen, auslesen«.

Zu 3

Die Mutter ist AIMA oder BINAH. Dieser Sephirah ordnet die Kabbala den göttlichen Namen *Elohim*, אלהים zu. Es heißt auch, dass sie der Sitz der kosmischen Kräfte ist, die ARALIM, אראלים, die Throne, genannt werden. Der Kabbalah zufolge gibt es zwölf Throne, denn die Quersumme von Aralim, 282, ist 12. Diese sind die Throne des Lebensatems, denn 282 ist auch der Zahlenwert von Ruach CHAJIM, רוח חיים, dem Lebensatem.

»In deren Namen die Namen des Vaters und des Sohnes verborgen sind« bezieht sich auf das Wort BINAH, בינה, das sich zum einen aus den Buchstaben, die den göttlichen Namen JAH, יה, bilden, der sich auf CHOCHMAH, den Vater bezieht, zusammensetzt, und zum anderen aus den Buchstaben von BEN, בן, der sich auf TIPHERETH bezieht und Sohn bedeutet. Es steht geschrieben: »In der Mutter ist die Kraft des Vaters verborgen, und sie wird offenbar im Sohn«. Diese Wahrheit gilt auf allen Ebenen.

Zu 4

Der Buchstabenname ZAJIN, זין, beginnt mit dem Buchstaben ZAJIN, ז, dem Schwert, in der Mitte steht das väterliche JOD, י, und er endet mit NUN, נון, dessen Zahlenwert, 50, auf die fünfzig Tore von BINAH, der Mutter, hinweist.

Nach der Überlieferung gibt es sieben ELOHIM, entsprechend dem Zahlenwert von ז. Es gibt zehn Lichter der göttlichen Emanation (die Sephiroth), entsprechend dem Zahlenwert von י, und es gibt fünfzig Tore des Verstehens, entsprechend dem Zahlenwert des Buchstabens Nun, נ.

Zu 5

Der Pfad der Verfügenden Intelligenz, der Zajin zugeordnet wird, beginnt in BINAH, der Mutter, und endet in
TIPHERETH, dem Sohn.

Zu 6

»Das Große Meer« ist ein Name, der zuweilen BINAH
zugeordnet wird. BINAH ist auch Schabathai, שבתאי, die
Sphäre von Saturn. In der Alchemie entspricht Saturn
dem Blei. Dieses alchemistische Blei ist die geheime
Wohnstätte des Feuers, denn, obgleich BINAH von prak-
tizierenden Kabbalisten die Wurzel des Wassers genannt
wird, verbirgt sie dennoch in ihrer Tiefe die aktive, feurige Kraft von CHOCHMAH, der Wurzel des Feuers, ebenso,
wie AIMA das väterliche י enthält und sich BINAH, בינה,
aus den Buchstaben von Jah, יה, dem Namen des Vaters,
und Ben, בן, dem Namen des Sohnes, zusammensetzt.

»Die LUFT« des Pfades von ZAJIN, bzw. der Geist der
LUFT, bezieht sich auf die luftige Eigenschaft des Tier-
kreiszeichens Zwillinge, dessen Herrscher der Kabbalah
zufolge Raphael, der Engel des Planeten Merkur, ist.

| 7 | DER WAGEN | ח |

MEDITATION ÜBER CHET

1   ICH BIN der schützende Zaun,
    Der das Feld des Erschaffenen umgibt.

        In diesem Feld lebst du,
        Und Ich bin dein Schutz vor der Dunkelheit,
        Die außerhalb ist.

        Doch ist der Zaun der Sicherheit
        Auch ein Wall der Begrenzung,
    Und die Dunkelheit, vor der er dich bewahrt,
    Ist die strahlende Dunkelheit
    Des grenzenlosen Lichtes,
    Das zu hell ist für deine Augen.

2   Doch innerhalb des Walls der Begrenzung
    Liegt das Feld meines Handelns
    In der Welt der Manifestation.
    Die Weisen nennen es auch
    Den Pfad des Hauses des Einflusses,
    Denn in dieses fließt der Strom meiner Kraft.
    Weil es getrennt von mir scheint,

83

Ist es auch das Feld von Sünde und Strafe,
Denn Begrenzung ist die Wurzel des Misserfolgs
Und Sünde das Verfehlen
Des Zieles der Vollendung.

Doch so, wie der Bogenschütze
Geschicklichkeit gewinnt,
Wenn er immer wieder auf die Scheibe zielt,
Auch wenn er sie anfangs tausendfach verfehlt,
So bringt auch die Frucht der Sünde,
Welche die Menschen Strafe nennen,
Meinen Auserwählten die Vollendung.

3   Siehe, Sünde und Strafe sind eins,
Und das Feuer der Strafe
Ist das Feuer, das meine Werke läutert.
Auch im Sünder bin Ich der Handelnde.
Und Ich bin es,
Der die Strafe erduldet.

Dein Schmerz ist mein Schmerz,
Dein Leid ist mein Leid.
Deine Sorgen durchbohren mein Herz,
Deine Pein ist meine Pein.

Ich stehe nicht abseits, unberührt,
Mein Werk betrachtend,
Wie ein Töpfer den Ton
Auf seiner Scheibe betrachtet.

Nein, niemals,
Denn Ich bin der Ton
Und die Scheibe,
Und auch der Töpfer.
Ich bin die Arbeit und der Arbeiter
Und das Mittel zur Arbeit.

4   Sei achtsam und verstehe diese Worte nicht falsch.
Lass dich nicht verwirren
Durch falsche Überlegungen.
    Sie irren, die sagen:
»Der Herr ist es, der alles bewirkt,
Darum können wir tun und lassen, was wir wollen,
Denn wir vermögen nichts
Aus uns selbst heraus zu tun.«

Wisse, dass der Irrtum ihres Denkens
Die Torheit zur Folge hat,
Dass jeder tut, was ihm gefällt.
    Diese falsche Schlussfolgerung
Wurzelt in der Täuschung des Getrenntseins.
Der Anschein der Getrenntheit
Ist die notwendige Folge meiner Selbstmanifestation.
Diese Täuschung ist die Wurzel
Von Sünde und Schmerz.
    Doch die Täuschung schwindet
    Mit der Vollendung des Werkes,
    Um dessentwillen ich mich offenbare.

Und da mir nichts widerstehen kann,
Werden selbst die ärgsten Sünder
Zu gegebener Zeit Befreiung finden.

5 Wenn du kannst, dann verstehe,
Dass Befreiung darin besteht,
Den Zaun des Schutzes niederzureißen
Und völlig zu zerstören,
Der dich jetzt noch vor dem Schrecken der
                                        Dunkelheit,
Die außerhalb ist, umgibt und behütet.

Wenn die Arbeit im Feld von CHET vollendet ist,
Und die Wohnung des Einflusses
Ihren Zweck erfüllt hat,
    Dann wirst du wissen, oh Israel,
    Dass du weder etwas zu fürchten hast,
    Noch dich vor etwas schützen musst.

Dann wird deiner vollendeten Schau
Die schreckliche Dunkelheit
Als die aufblitzenden Strahlen
Des grenzenlosen Lichtes enthüllt,
Und vom Feld der Sünde und Strafe
    Wirst du in die grenzenlose Freiheit
Meiner göttlichen Vollkommenheit gelangen.

KOMMENTAR ZU CHET

* * * *

Aussprache: CH (wie Ach – Umschrift: x)
Zahl: 7
Zahlenwert: 8
Bedeutung: Feld, Zaun, Hecke

Die Intelligenz des Hauses des Einflusses

Zu 1

Das grenzenlose Licht ist *Ain Soph Aur*, das uns als Dunkelheit erscheint, weil es die irdische Wahrnehmungsfähigkeit übersteigt. Es ist die göttliche Dunkelheit, die in der mystischen Literatur so oft erwähnt wird. Die Ägypter sprachen von ihr, wenn sie Osiris den »schwarzen Gott« nannten. Es ist auch die furchterregende Dunkelheit der Hindu-Göttin Kali.

Zu 2

חטאת, *xatat*, ist ein hebräisches Substantiv. Es bedeutet sowohl Sünde als auch Strafe und entspricht dem Buchstabennamen CHET, חית, *xet*, denn beide ergeben den Zahlenwert 418. Das Wort חטאת, *xatat*, leitet sich von einem Verb ab, das soviel bedeutet wie »das Ziel verfehlen«.

| 8 | DIE KRAFT | ♌ |

MEDITATION ÜBER TET

1   MEIN geheimes Wissen ist in der Zahl verschlossen.
Und im Zeichen des Kerbholzes
Ist der Aufbau der gesamten Schöpfung verborgen.

    Die Zahl verschleiert die Macht der Elohim,
Denn die Zahl ist jene tiefe Dunkelheit,
Von der geschrieben steht:
»Und Moses näherte sich dem tiefen Dunkel,
    Darinnen Gott war«, und auch:
»Tetragrammaton sagte,
    Dass er im dichten Dunkel wohne.«
Wisse, dass Ägypten diese Dunkelheit ist.
Und mit der Weisheit,
Die in diesem Dunkel verborgen ist,
Führte Moses Israel heraus.

    In der Dunkelheit, die Ägypten ist,
    Liegt die Dunkelheit der Zahl -
Und verbirgt das Eine in der Wolke der Vielfalt.
Symbol für diese Dunkelheit ist die Schlange,
Die Große Schlange,
Die Königsschlange von Ägypten.

2   Es ist die Schlange der Versuchung,
       Doch kommt durch sie auch die Erlösung.
Denn die Schlange
Ist das erste Erscheinen des Gesalbten,
Und das, was Adam
Aus dem Garten des Ostens vertrieb,
Wird ihn einst wieder zurück ins Paradies führen.
       So wird durch Tet das Geheimnis
       Von Auszug und Wiederkehr offenbart,
Denn TET ist die Schlange,
Die sich um das Tau windet.

Sie ist das Zeichen des Namens aller Namen,
       Den keiner auszusprechen vermag.

Außerdem ist sie das Symbol
Des Baumes der göttlichen Vollkommenheit,
Umgeben von der Kraft der Buchstaben,
Durch welche die gesamte Schöpfung
Gestalt annahm.

3 Und weil sich das Kerbholz auf das Zählen bezieht,
Und somit auf alle Werke der Zahl,
    Zeige Ich durch diesen Buchstaben,
Dass zum einen alle Dinge
Durch die Zahl entstanden sind,
Zum anderen alle Taten der Kraft,
Die je von Weisen vollbracht wurden,
Ihr Fundament in der Zahl haben.
    Denn der Kreis des Kerbholzes
    Ist die aufgerollte, feurige Kraft,
    Die aus der Sonne kommt.
Und um sie zu beherrschen,
Musst du lernen zu zählen.

    Zähle richtig,
Und du wirst Öl für deine Lampen haben,
Denn das Öl, das Licht bringt,
Birgt das Geheimnis des Buchstabens TET.
Es ist das Öl, das sich erhebt wie eine Schlange,
Das Öl, das dein Vater Jakob
Auf den Stein goss im Hause der Kraft.

4 Wahrlich, wer das Geheimnis dieses Steines kennt,
Weiß auch um das Geheimnis der Schlange.
Und in ihm werden sich die Worte erfüllen:
>>Als Israel ein Kind war,
Da liebte Ich ihn
Und rief meinen Sohn aus Ägypten.<<

Wer dies erfasst, wird die Gnade ermessen
Und all seine Werke werden
In der Kraft meines Gesetzes wurzeln.

KOMMENTAR ZU TET

* * * *

Aussprache: T
Zahl: 8
Zahlenwert: 9
Bedeutung: Die Schlange

Die Intelligenz des Geheimnisses aller Geistigen Aktivitäten

Zu 1

Die alte Form des Buchstabens TET stellt mit der Form eines Kreises um ein Kreuz in etwa das Bild eines Kerbholzes dar, ein Hilfsmittel zum Zählen, Messen und Registrieren. Die Worte מספר, *mispar, Zahl,* ערפל, *arafel,* Dunkelheit, und מצרים, *mits'rajim,* der jüdische Name für Ägypten, haben alle den Zahlenwert 380.

Der Uraeus oder die Königs-Schlange ist das charakteristische Symbol für Ägypten. Wer die ägyptische Weisheit kennt, wird bestätigen, dass alles Geheimwissen dieses Landes »in der Zahl verborgen« ist. In Ägypten erlernte Pythagoras die großen mathematischen Prinzipien, die er in sein System eingliederte. Die gleichen Wahrheiten sind auch in der Großen Pyramide enthalten.

נחש, *naxasch*, die Bezeichnung für die Schlange der Versuchung, entspricht durch ihren Zahlenwert, 358, dem Wort משיח, *me'schi'ax*, der Messias, der Gesalbte, der Heiland oder der Erlöser.

»Die Schlange, die sich um das TAU windet« bezieht sich auf die alte Form des Buchstabens TET, bei dem ein Kreis (die Schlange, die sich in den Schwanz beißt) ein Kreuz umschließt (die alte Form des Buchstabens TAV oder TAU).

Ein Kreis, der ein Kreuz umschließt, ist das mathematische Symbol für den Namen aller Namen, JHVH, יהוה, da jeder Kreis nummerisch der Zahl 22 und jedes Kreuz der Zahl 4 entspricht. Daher stellt der Kreis, der ein Kreuz umgibt, 22 plus 4, also 26 dar, was dem Zahlenwert von JHVH, יהוה, dem unaussprechlichen Namen, entspricht.

Das Kreuz steht für die Zahl 400, die dem Buchstaben TAV entspricht. Diese Zahl repräsentiert die vollständige Manifestation der zehn Sephiroth in den vier kabbalistischen Welten, weil jede Sephirah selbst als zehnfach angesehen wird, so dass die nummerische Formel für die vollständige Manifestation so lautet: 10 x 10 x 4 = 400. Daher das Kreuz, bzw. TAV, ein Symbol für den Baum der göttlichen Vollkommenheit; und in der alten Darstellung von TET ist der Kreis, der ein Kreuz umgibt, ein Symbol für die »Kraft der Buchstaben«, weil die vollständige Zahl der hebräischen Buchstaben 22 beträgt und 22 die charakteristische Zahl eines jeden Kreises ist.

Die Arithmetik ist die Grundlage des gesamten praktischen Okkultismus. Kenntnis der esoterischen Eigenschaften der Zahlen und ihre Anwendung sind für jeden, der Befreiung sucht, unverzichtbar.

»Die aufgerollte, feurige Kraft« ist das Astrallicht, das durch eine aufgerollte Schlange symbolisch dargestellt wird. Sie entspricht der Kundalini der Yogis. Viel findet sich darüber in den Schriften von Madame Blavatsky, in denen sie dieses Licht FOHAT und den Buchstaben TET das Symbol für »FOHAT« nannte. Siehe auch Arthur Avalons Werke »*Die Schlangenkraft*« und »*Shakti und Shakta*«.

Die »Lampen« sind die inneren Sterne bzw. die Chakren. Das »Öl« entspricht der Nervenkraft (eine Umschreibung für Fohat, bzw. Kundalini). Es soll die »Lampen« durch Übungen, in denen das Zählen wichtig ist, mit Energie aufladen, denn sie beinhalten rhythmisches Atmen und rhythmische Intonationen der göttlichen Namen, etc. Im Hebräischen haben die Worte שמן למאור, *'schemen l᷵ ma'or,* die soviel bedeuten wie »das Öl, das Licht bringt«, den Zahlenwert 667, den gleichen wie von סוד הפעולות, *sod ha p᷵'ulot, das Geheimnis aller geistigen Aktivitäten,* dem Namen des Pfades der Weisheit, von TET.

| 9 | **DER EREMIT** | ⌐ |

MEDITATION ÜBER JOD

1 ICH BIN die schöpferische Hand,
    Welche die Welten formt
    Und die Sphären erschafft,
    Während das ursprüngliche FEUER
Ungebändigt im Schoße wirbelt
Von Raum und Zeit.
Dieses Erschaffen ist nicht
Wie das Werk von Menschenhand.
Es ist mein Selbstausdruck
Durch die Stimme der Vision.
    Durch sie erkläre Ich mich.

Ja, Ich äußere mich als der Vater von allem,
    Und aus meiner Vaterschaft
    Entsteht die Bruderschaft aller Wesen.

2 Deshalb sehen die Weisen im Buchstaben JOD
Die Vaterschaft von CHOCHMAH,
Die grenzenlose Weisheit, die alles erschafft.

Dieser Vater, AB, bin Ich,
Die Quelle von allem,
Eins in meinem innersten Sein,
Zwei in meinem Selbstausdruck
Und Drei in meiner Vereinigung
Mit meiner göttlichen Manifestation:
Erschaffend,
Bewahrend,
Verwandelnd,
Während endloser Zeiten.

3 Aus meiner Gegenwart
Leiten alle Dinge ihre Substanz ab.
Aus meiner Kraft beginnt jede Bewegung,
Und meine Weisheit
Ist die Grundlage allen Wissens.

Darum ist JOD die Grundlage aller Buchstaben,
Und jeder Buchstabe weist JOD
In seiner Gestaltung auf.
Mit diesen zweiundzwanzig Buchstaben
Wird der Kreis der Schöpfung beschrieben.

4   Ich bin das flüssige Dunkel,
Die Tinte, mit der Ich mich
In die Schriftrolle der Schöpfung einschreibe.

Wahrlich, diese Schrift des Buches vom Sein
    Erzählt nichts Neues.
Recht haben sie, die mit Salomo sagen,
Dass es nichts Neues unter der Sonne gibt.
    Von allem, was ist,
    Kannst du wahrhaft sagen:
    »Es war«.

So ist die Vision des Propheten,
Die den Schleier zwischen dem, was ist,
Und dem, was sein wird, zu durchdringen scheint,
In Wahrheit eine Erinnerung an das,
Was der Vergangenheit anzugehören scheint.

    Meine Hand trägt den gesamten Kreis des Seins,
    Und für mich gibt es keine Zeit.

5   Ich bin die Verbindung
Zwischen CHESED und TIPHERETH
Und vereinige die Wasser der Substanz
Mit der Luft des Lebens.
Ich bemesse und begrenze Ruach,
Der seinen Platz auf dem Pfad

Des Vermittelnden Einflusses hat,
Denn Ich bin die Intelligenz des Willens,
Die das Wasser der Gnade
In die Sphäre der Schönheit trägt.

6   Ich bin Zehn,
Doch gehen aus mir die Zwanzig hervor,
    Denn Ich bin die unaussprechlichen Zehn
    Und die offenbarten Zehn in der Schöpfung.
Darum ist JOD beides, Zehn und Zwanzig.

Und die offenbarten Zehn sind auch die Sieben,
    Und diese sind die Elohim.
Diese Sieben bringen wiederum Zehn hervor,
Denn die Heptade, unterhalb der höchsten Triade,
Vollendet sich im Königreich der Braut.

    Denn zehnfach ist mein Selbstausdruck,
Und darum wird von den Lichtern
Der göttlichen Emanation geschrieben:
    »Zehn, und nicht elf; zehn, und nicht neun.«

KOMMENTAR ZU JOD

* * * *

 י

Aussprache: J
Zahl: 9
Zahlenwert: 10
Bedeutung: Die schöpferische Hand

Die Intelligenz des Willens

Zu 1

Der Buchstabenname JOD bedeutet »Hand«. Die alte piktographische Form dieses Buchstabens war ein ausgestreckter Zeigefinger, ein eindeutig phallisches Symbol. Die gleiche Idee der Männlichkeit wird diesem Buchstaben auch in der kabbalistischen Literatur zugeordnet. Zum Beispiel wird der erste Buchstabe von Tetragramaton, JHVH, יהוה, auch der väterliche Buchstabe genannt, und wird daher AB, dem Vater, zugeordnet. Diese Idee wird in den Abschnitten 1 bis 3 ausführlich behandelt.

Zu 4

»Das flüssige Dunkel« oder die »Tinte« heißt in hebräisch דיו, *djo*. Die Buchstaben dieses Wortes sind die gleichen wie die von Jod, יוד. Der Zahlenwert, 20, ist natürlich ebenfalls der gleiche.

Der Ausdruck »Es war« ist im Hebräischen היה, *haja*, und hat ebenfalls den Zahlenwert 20.

»Die Vision des Propheten« entspricht im Hebräischen חזה, *xaza, eine Vision haben.* Das Partizip dieses Verbes wird auch als Substantiv חזה, *xaza*, der Prophet, der Seher (vgl. 2. Samuel 24:11 und 2. Chronik 9:29) gebraucht.

Zu 5

Dieser Abschnitt bezieht sich auf den 20. Pfad der Weisheit, der CHESED und TIPHERETH miteinander verbindet. Sein Name ist die »Intelligenz des Willens«.

Zu 6

Die »unaussprechlichen Zehn« sind die unmanifestierten Sephiroth, oder die Entwicklungsmöglichkeiten des grenzenlosen Lichtes, das in Ewigkeit besteht und zu den Sephiroth wird, wenn ein neuer Manifestationszyklus beginnt. JOD ist sowohl Zehn als auch Zwanzig, weil der Zahlenwert des Einzelbuchstabens JOD , י, 10 und der Wert des Buchstabennamens JOD , יוד, 20 ist. Die zehn unaussprechlichen Sephiroth bestehen ewig, die manifestierten Sephiroth hingegen kommen und gehen, so wie sich im kosmischen Aus- und Einatmen Zyklus an Zyklus reiht. Während eines Ausdruckszyklus, wenn die Sephiroth beides sind, nicht manifestiert und manifestiert, werden sie durch die Zahl 20 repräsentiert.

Alle Kräfte, die durch die zehn Lichter der göttlichen Emanation dargestellt werden, sind in den sieben Geistern Gottes, den Elohim, enthalten. Die Zahl Sieben enthält die Zahl Zehn, weil die theosophische Erweiterung von 7 die Zahl 28 ergibt und deren Quersumme 10 ist. Die Heptade unterhalb der höchsten Triade besteht aus den Sephiroth CHESED bis MALCHUTH. Diese Heptade beginnt und endet in 10, weil die Erweiterung von 4, der Zahl von CHESED, 10 ergibt und die Zahl von MALCHUTH ebenfalls 10 ist. MALCHUTH wird zuweilen כלה, *kala,* die Braut, genannt. Daher lesen wir: »Die Heptade, die sich unterhalb der höchsten Triade befindet, vollendet sich im Königreich der Braut.«

10   DAS GLÜCKSRAD

MEDITATION ÜBER KAF

1 ICH ergreife alle Dinge
    Und halte sie in vollkommenem Gleichgewicht.
    Ich verbinde alle Gegensätze,
    Jeden gemäß seiner Ergänzung.
Ich mäßige mal die eine, mal die andere Seite,
So dass es nirgendwo im All
Wirklichen Mangel oder Misserfolg gibt.
Noch besteht irgendwo Ungerechtigkeit,
Denn was uns so erscheint,
Ist eine der vielfältigen Ausdrucksweisen
Der Täuschung des Getrenntseins.

2 Formen sind wie Gefäße,
In die Ich den kostbaren Wohlgeruch
Meiner innersten Essenz gieße.
 Und wo Ich bin,
Dort müssen Wahrheit und Recht wohnen.
Gib acht, dass du die Formen nicht verachtest,
Die du nicht verstehst.
Jedes Gefäß des Lebens
Ist eine Wesensseite von mir, dem Höchsten.

3 Das Streiten, Rechten, Hadern,
Von dem du täglich Zeuge bist,
Ist das Spiel von Licht und Dunkelheit, das Ich bin.

  Jedes Gefühl von Anstrengung,
  Jeder Anschein von Mühsal –
  Erkenne sie als Illusion,
  Und mit deinem geistigen Auge
  Sieh mich in allem.

Erkenne mich als die Versöhnende Intelligenz,
Die jene belohnt, die suchen.
 Und wisse:
Was auch immer ein Mensch sucht,
 Er sehnt sich nach mir.

4   Mein Wohlwollen gebe Ich freizügig
Jedem, der sucht,
Und von mir kommt der Sieg,
Den die gewinnen, die das Wissen
Um die verborgenen Dinge erlangt haben.

Dieser Sieg kommt, während der Körper schläft.
Und das Geheimnis meines belohnenden
                                Wohlwollens
Ist mit dem Geheimnis des Schlafes verbunden,
Das in dem Buchstaben KOF verborgen ist,
Denn durch ihren Zahlenwert
Sind KAF und KOF miteinander verbunden,
Und was sie verbindet,
Ist die Multiplikation von Zehn mit sich selbst.

5   Weil Ich die Gegensätze
Mit unfehlbarer Genauigkeit ausgleiche,
Bringe Ich dem die Meisterschaft
Über alle Bedingungen und Umstände,
Der voller Vertrauen danach strebt,
Meinen Willen zu tun.
Ein solcher wird Tage, Meere und Zeiten meistern,
Weil sich durch ihn
Meine uneingeschränkte Herrschaft
Frei entfaltet.

Immer ist es das Gleichgewicht,
Durch das die Weisen alles erreichen.
Doch wie es ohne Hand kein Ergreifen geben kann,
So gibt es keinen Ausgleich scheinbarer Gegensätze
Ohne das Wissen um meinen Willen.
Daher folgt KAF, die greifende Hand,
In der Reihenfolge der heiligen Buchstaben
Dem JOD, der schöpferischen Hand, nach.

6 Und als die belohnende und versöhnende Kraft
    Bin Ich der Herr des Glücks.
Wer nach meinem Willen handelt,
Wird mich als den Vater der Gnade erkennen,
Dessen Triumphwagen in den Himmeln
Der Große Wohltäter, Tsedek, ist.

Kommentar zu KAF

* * * *

 כ

Aussprache: K
Zahl: 10
Zahlenwert: 20
Bedeutung: Die greifende Hand

Die Intelligenz der Verlangenden Suche

Zu 1

KAF bedeutet soviel wie »Innenfläche der Hand« und wurde in der alten Symbolik durch eine hohle Hand dargestellt, die ausgestreckt ist, um darin etwas zu empfangen. Die Idee des Greifens ist daher eng mit der Idee der Empfänglichkeit verbunden. Herrschen und Begreifen sind verwandte Ideen.

Der Buchstabenname כף, *kaf*, hat den Zahlenwert 100. Das ist der gleiche Wert wie der von מחי טבאל, *mi'xai tevel*, Mäßigen des einen durch das andere.

Zu 2

»Gefäße« heißen auf hebräisch כלים, k*lim, und haben den Zahlenwert 100, den gleichen wie KAF, כף.

Zu 3

»Jedes Gefühl von Anstrengung«. Dies bezieht sich auf das Wort מדון, madon, Anstrengung, Kampf, Streit, das ebenfalls den Zahlenwert 100 hat.

Die letzten fünf Zeilen dieses Abschnitts arbeiten die wichtigsten Beinamen des 21. Pfades der Weisheit aus. Sie heißen: »Die Versöhnende Intelligenz«, »Die Belohnende Intelligenz für jene, die suchen« und »Die Intelligenz der Verlangenden Suche«.

Zu 4

Der zweite Teil dieses Abschnitts gründet auf der Tatsache, dass der Zahlenwert des Buchstabennamens KAF, כף, 100, dem Zahlenwert des Einzelbuchstabens KOF, ק, entspricht, den die Kabbalisten der Funktion des Schlafes zuordnen. Als diese Meditationen erstmals empfangen worden sind, wurde folgender Kommentar gegeben:

»Die vagen Andeutungen früherer Eingeweihter haben mit dem Vorgang zu tun, durch den das Streben des geduldig nach der verborgenen Weisheit Suchenden belohnt wird. Während des Schlafes, wenn die Sinneswahrnehmungen ruhen, wird das Wissen, das über die subtilen Vehikel gewonnen wurde, Teil der körperlichen Intelligenz, indem es in die Gehirnzellen eingeprägt wird.

Auf diese Weise geschieht es auch oft, dass jemand, der nach der Lösung eines Problems sucht, die Antwort beim Aufwachen erhält. Es ist aber keine unbewusste Gehirntätigkeit in dem Sinne, wie dieser Begriff allgemein verwendet wird, denn natürlich arbeitet das Gehirn. Es ist vielmehr ein Aufzeichnen der Eindrücke von höheren Ebenen.«

Zu 5
»Tage, Meere und Zeiten« sind Wörter, die durch das eine hebräische Wort ימים, *jamim*, mit dem Zahlenwert 100 repräsentiert werden.

Zu 6
Dieser Abschnitt bezieht sich auf die Zuordnung des Planeten Jupiter zu KAF. Der hebräische Name für Jupiter ist Tsedek, צדק, der »Rechtschaffenheit, Gerechtigkeit oder Glück und Wohlstand« bedeutet.

11   **DIE GERECHTIGKEIT**

MEDITATION ÜBER LAMED

1 ICH BIN der Stachelstock,
     Der Ansporn zur Handlung,
     Der den großen Stier des Lebensatems
     Antreibt und lenkt.

     Ich bin die ausbalancierende Kraft,
     Die Ruach zwischen Aufbau und Zerstörung
     Im Gleichgewicht hält,
     Wie ein Viehtreiber mit seinem Stachelstock
     Den Ochsen daran hindert,
     Vom Wege abzukommen.

Doch wohnt diese lenkende Kraft auch Ruach inne,
Denn Ich selbst bin dieser große Atem des Lebens.

2   Und weil dieser große Atem
Vor allem anderen existiert,
    Bin Ich der Lenker,
    Der Herr
    Und der Richter
    Aller Kreaturen.
Daher findet mich der Weise verborgen in Lamed.

3   Einst erklärte Ich mich selbst
Zum Lehrer aller Lehrer,
Und dir, oh Israel, sage Ich nun,
Dass meine Unterweisung
Einem Stachelstock gleicht,
Der dich auf dem langen Kreislauf
Der Existenz lenkt,
    Bis du zu mir zurückkehrst.

4   Ich bin die Wurzel jeder Tat.
Was auch getan wird, Ich bin der Handelnde.

    Durch Handlung werden alle Dinge festgelegt,
Und Handlung entsteht, weil Ich jeden Zustand
Meiner Selbstoffenbarung begreife.
Niemand kann irgend etwas aus sich selbst heraus
                        tun.
Getäuscht ist, wer etwas anderes denkt.

114

5 »Habe ich nicht einen freien Willen?« fragt der Tor.
Doch der Weise erkennt, dass in den vielen Welten
    Kein Geschöpf einen anderen Willen hat,
Als meinen Einen Willen.

    Mein Wille ist wahrhaft frei.
Und wer erkennt, dass mein Wille
Der Ursprung seines Willens ist,
    Bleibt frei von Irrtum.

6 Möge dich deine Meditation
In diesem Willen ruhen lassen.
Dann wirst du mitten im Handeln in Frieden sein.
Und in deinen geschäftigsten Stunden
Wirst du entdecken,
Dass der ewige Arbeiter
Alle Dinge gut in dir verrichtet.

Siehe, Ich leite dich den ganzen Weg.
    Ruhe du in mir.

KOMMENTAR ZU LAMED

* * * *

ל

Aussprache: L
Zahl: 11
Zahlenwert: 30
Bedeutung: Stachelstock, Ochsenstachel

Die Gläubige Intelligenz

Zu 1

Der Buchstabenname LAMED bedeutet »Stachelstock, Ochsenstachel«. Der Ochse ist ALEF, der »große Stier des Lebensatems« genannt, weil *Ruach*, רוח, der Lebensatem, ALEF zugeordnet wird.

Der zweite Teil dieses Abschnitts der Meditation verbindet den Begriff des Gleichgewichts, auf den das Zeichen Waage hinweist, mit der Vorstellung von Führung, die mit dem Buchstabennamen Lamed verbunden ist.

Zu 2

»Daher findet mich der Weise verborgen in Lamed«. Denn *Lamed*, למד, hat den Zahlenwert 74, und das ist die Zahl von דיין, *dajan*, Lenker, Herr, Richter.

Zu 3

»… auf dem langen Kreislauf der Existenz« beruht wahrscheinlich auf der Gematria von סביב, *saviv*, eine Kreisbewegung, der Platz rund um etwas, Umgebung. Der Zahlenwert von סביב, *saviv*, ist 74, der gleiche wie der von Lamed.

Zu 4

Von hier an, bis zum Ende der Meditation, wird die kabbalistische Lehre vom Handeln als Ausdruck des Einen Willens erweitert. Sie kann mit der Hindu-Lehre vom Karma verglichen werden, denn Karma ist nur ein anderes Wort für Handlung.

Zu 6

»… den ganzen Weg« scheint sich auf die Gematria von עד, *'ad*, zu beziehen, »der ganze Weg; für immer«, mit dem Zahlenwert 74, der auch der Wert von Lamed, למד, ist.

| 12 | **DER GEHÄNGTE** | ב |

MEDITATION ÜBER MEM

1   ICH BIN das Wasser des Lebens,
Der schweigende, dunkle Spiegel der Substanz,
Der mich mir selbst widerspiegelt.

    Dies ist der Schoß aller Wesen.

Diese große, unveränderliche Tiefe
Des elementaren Wassers
    Bleibt für immer rein.
    Daher besitzt es Stabilität.
Es enthält alle Dinge in gelöster Form.
Doch bleibt seine Natur immer die Gleiche.

2 MEM ist das Rauschen
   Dieses großen Meeres des Lebens.
   Und durch die Summe seiner Buchstaben,
   מ י ם, MJM,
   Offenbart sich die Zahl Neunzig,
   Die das Wirken von JESOD
   Durch die Zehn Lichter der Emanation darstellt.

   Bedenke dies wohl, oh Israel,
   Denn wie JESOD das Fundament des Daseins ist,
   So sind die Wasser die Substanz dieses Fundaments.

   Vom Wasser aus
   Nehmen alle Formen ihren Anfang,
   Wie es die Genesis darlegt.

3 Bedenke auch, dass Ich, der Herr,
      Mich vierfach offenbare,
   Und betrachte dann
   Die Bedeutung des Buchstabens MEM
   In Bezug auf seinen Zahlenwert Vierzig.
   Hier wirst du die Zahl
   Der vierfach elementaren Teilung
   Meiner Natur erkennen,
   Die durch die Zehn Sephiroth wirkt.

All das ist im ursprünglichen WASSER enthalten.
Dieses Element der schöpferischen Kraft
Ist der Mutterboden aller Dinge.

4   Höre, und vergiss nicht.
Ich bin beides, Vater und Mutter.
Als Mutter bringe Ich hervor und nähre.
Doch bleibt meine mütterliche Natur
Immer jungfräulich und unbefleckt,
Mag ihr Schoß auch
Unzählige Wesen hervorbringen.

5   Gehe ein in das Große Meer der Wasser des
Lebens.
Tauche tief hinab, bis du dich verloren hast.
Und wenn du dich verloren hast,
Wirst du dich wiederfinden,
Und du wirst eins sein mit mir,
Deinem Herrn und König.
Dann wirst du das Geheimnis erfahren,
Wie der König
Wieder auf seinem Thron eingesetzt wird.

6   Und auf diesem Pfad der Stabilität
Wird sich mein Wissen von den Wurzeln des Seins
Mit dem herrlichen Glanz
Des vollkommenen Wissens,
Das im Spiegel der klaren Wasser von Hod gründet,
   Vereinigen.

Denn wenn nicht die leiseste Welle eines
                                 Gedankens
Die Oberfläche dieser Wasser stört,
   Wird dir die Herrlichkeit meines Selbst,
   Das dein wahres Selbst ist,
   Gespiegelt.

KOMMENTAR ZU MEM

* * * *

Aussprache: M
Zahl: 12
Zahlenwert: 40
Bedeutung: Wasser

Die Stabile Intelligenz

Zu 1

Der Buchstabenname MEM, מים, bedeutet Wasser. Im
Sepher Jetzirah wird das Element Wasser diesem Buchstaben zugeordnet, und die Kabbalisten sagen: »Mem ist
schweigend wie Wasser.« Der Buchstabenname Mem,
מים, addiert sich zu 90, dem Wert von דומם, *domem,* was
soviel wie »still, schweigend, sprachlos« bedeutet. Diese
Meditation beginnt mit der klaren Aussage der kabbalistischen Lehre, dass die Selbstreflexion der Lebenskraft
die Ursache jeder Manifestation ist.

Der 23. Pfad der Weisheit, der dem Buchstaben MEM, zugeordnet wird, heißt »Die Stabile Intelligenz«. Dieser Teil des Abschnitts entwickelt die Vorstellungen, die sich hinter dieser Bezeichnung verbergen, weiter. Die Kabbalisten behaupten, dass die Stabile Intelligenz der Ursprung der Beschaffenheit aller Sephiroth ist.

Zu 2

Die Zahl 90 enthüllt das Wirken von JESOD durch die Zehn Lichter der Emanation, denn 90 ist 9 mal 10. Die Zahl von JESOD ist 9, und mit 10 sind hier die zehn Sephiroth gemeint.

JESOD bedeutet »Fundament, Grundlage oder Basis«. Kabbalisten ordnen dieser Sephirah die Zeugungsorgane des kosmischen Menschen zu. JESOD wird folglich als der Brennpunkt der sich selbst in Ewigkeit fortsetzenden Kräfte der Einen Lebenskraft angesehen. Aus esoterischer Sicht verkörpert WASSER das Samenprinzip, aus dem sich alle Formen entwickeln.

Zu 3

Um sich dieser vierfachen Offenbarung des Einen Lebens immer zu erinnern, haben die Gottesnamen in vielen Sprachen vier Buchstaben. Dies trifft besonders auf das Hebräische zu, und von den Gottesnamen in dieser Sprache ist der wichtigste Tetragrammaton, JHVH, יהוה. Jeder einzelne Buchstabe dieses Wortes verkörpert einen der vier Aspekte des Einen Lebens, die sogenannten Elemente. J, י, steht für Feuer; das erste H, ה, für Wasser; V, ו, für Luft und das zweite H, ה, für Erde.

Da der Zahlenwert von Mem, מ, 40 ist, stellt er 4 mal 10 dar, ein arithmetisches Symbol für den Vorgang dessen, was der Text wie folgt beschreibt: »... der vierfach elementaren Teilung meiner Natur, ... die durch die zehn Sephiroth wirkt.«

Zu 4

Die Große Mutter, AIMA, ist auch das Große Meer, das die Wurzel von allen Wassern ist. Dieses Meer ist BINAH, die hervorbringt und nährt.

Zu 5

Die Aufforderung, die hier gegeben wird, finden wir in allen mystischen Lehren. Wenn wir das Große Meer als etwas wahrnehmen, das zu unserem inneren Leben gehört, können wir lernen, tief hinab zu tauchen, um in unserem Verständnis der vollkommenen Einheit des Alls das Gefühl unserer persönlichen Getrenntheit loszulassen. Wenn wir das falsche, illusorische, persönliche Selbst verloren haben, finden wir das wahre, ewige Selbst. Dann sind wir wieder eins mit Ihm, unserem Herrn und König.

»Wie der König wieder auf seinem Thron eingesetzt wird,« erinnert an das *Sepher Jetzirah*, denn dort
heißt es:

»Zehn Zahlen entstehen aus dem Nichts, und nicht
neun, zehn und elf. Erfasse diese große Weisheit, verstehe dieses Wissen, erforsche es und denke darüber nach,
mache es dir klar und setze den Schöpfer wieder ein auf
seinem Thron«. (nach Kalisch's Übersetzung, 1:3)

Zu 6

Dies bezieht sich auf die Tatsache, dass der 23. Pfad in
der Wurzelintelligenz von GEBURAH (in den »Wurzeln
des Seins«) beginnt und sich in HOD, Glanz, vollendet.

Der letzte Absatz enthält einen Schlüssel für die
Meditationspraxis. Man kann ihn mit der Yogalehre und
den verschiedenen Methoden vergleichen, wie ein Zustand der inneren Stille erreicht wird, der »das Meer von
Chitta, der Geist-Stoff« genannt wird. Hindu-Lehrer behaupten, dass Chitta, wenn es vollkommen ruhig geworden ist, das Licht der geistigen Sonne widerspiegelt. Genau das wird auch in unserm Text ausgesagt. Vergleiche
ihn sorgfältig mit der Symbolik von Tarotschlüssel 12.

Erwähnenswert ist hier, dass zwischen dem Buchstabennamen Mem, מים, mit dem Zahlenwert 90, und
dem Einzelbuchstaben Tsadi, צ, mit dem gleichen Zahlenwert, eine Beziehung besteht. Kabbalisten ordnen

TSADI die Meditation zu. Dadurch wird der eigentliche Zusammenhang zwischen dem WASSER, dem »schweigenden, dunklen Spiegel«, und dem geistigen Prozess deutlich, durch den sich der Weise mit der Lebenskraft bewusst vereinigt.

13   **DER TOD**   ‎ג

MEDITATION ÜBER NUN

1 ICH BIN der Fisch,
    Der im Meer der Großen Wasser schwimmt;
    Ich trage alle Dinge in meinem Bauch,
    Wie es geschrieben steht:
»Er wohnte im Großen Meer,
Und war ein Fisch darin.«

2 Dies ist der Große Fisch, in dem der Prophet
Drei Tage und drei Nächte ausharrte.

Und wegen Jonas Qualen
Ist der Große Fisch Sinnbild
Aller Schmerzen und Sorgen.
Denn so wie die Not des Propheten
Ihn auf den Weg zu mir führte,
Sind alle Schmerzen und Sorgen Tore,
Durch die der Mensch
Zum Herzen der Großen Mutter gelangt.

    Wahrlich, die Mutter ist das Meer,
    In dem der Fisch schwimmt.
Und der Fisch und das Meer sind eins.

3   Dieses Eine ist das All,
      Das alles durchdringt.
Alles Geschaffene, selbst das,
Was der Mensch für unrein hält,
    Ist ein Aspekt dieses Alls,
    Das Ich bin.
Und wie der Fisch
In den Wassern des Meeres verborgen ist,
    Ist das Geheimnis des Einen
      Im Anschein der Vielfalt verschlossen.
Darum ist der Fisch
Ein Zeichen verborgener Weisheit.
Denn diese Weisheit ist nichts anderes
Als die Enthüllung des Einen.

4   Dir obliegt es, oh Israel,
Die Tore zu öffnen und zu schließen.
    Dir wird
Nach vielen Fragen
    Des »Wie«
    Und »Welche«
Wie in einem Blitz das Geheimnis offenbart.

Dieses blendende Weiß,
Das zu glänzend ist für sterbliche Augen,
Erleuchtet den Pfad der Gesegneten,
Die Unsterblichkeit erlangen.

5 Gewiss, der Weise,
Der das Geheimnis meines ewigen Seins versteht,
Weiß um die Unsterblichkeit –
Das Geheimnis, dessen Mysterium der Fisch
Sowohl verbirgt als auch enthüllt.
    Denn der Fisch ist der Ewig Eine,
    Der Vater der Erlösung.
    Deshalb steht auch geschrieben:
    »Josua war der Sohn von Nun.«
Und was ist es, das ewig währt?
    Wahrlich, das bin Ich, Ich selbst,
    Und das, was sich nicht ändert,
Ist die Bewegung, die alles Geschaffene
Von Ort zu Ort trägt.

Ewiger Wandel ist die Wurzel von allem,
    Und Wandel hat zwei Gesichter:
Ein Gesicht des Lebens und ein Gesicht des Todes.

    Denn wisse, oh Israel,
Das, was die Menschen Leben und Tod nennen,
Gleicht den weißen und schwarzen Perlen,
Die auf einen Faden aufgezogen wurden.
    Und dieser Faden fortwährenden Wandels
    Ist mein unveränderliches Leben,
    Das die endlosen Folgen
    Der kleinen Leben und Tode aneinander reiht.

KOMMENTAR ZU NUN

* * * *

נ

Aussprache: N
Zahl: 13
Zahlenwert: 50
Bedeutung: Fisch

**Die Intelligenz
der Schöpferischen Vorstellungskraft**

Zu 1

Das Zitat, »Er wohnte im Großen Meer und war ein
Fisch darin,« ist aus dem *Sohar*, dem *Buch des Glanzes*.
Das Große Meer ist natürlich BINAH.

Zu 2

Der Prophet ist Jona, יונה, ein Name, der »Taube« bedeutet. Man beachte, dass die Taube der Vogel der Venus
ist, und der »große Fisch«, der in Jona 1:17 erwähnt wird,
ist דג גדול, *dag gadol*, mit dem Zahlenwert 50, dem gleichen wie der des Buchstabens NUN. Außerdem wird das
astrologische Zeichen Skorpion, das sich auf die Fortpflanzung bezieht und von Mars regiert wird, NUN zuge-

ordnet. Wenn der »große Fisch« die »Taube« verschlingt, vereinigen sich die Kräfte von Venus und Mars. Man beachte auch, dass Ninive, die Hauptstadt von Assyrien, wohin Jona gesandt wurde, נינוה geschrieben wird, also eine Zusammensetzung der Buchstaben von Nun, נון, und Jah, יה, ist.

»Schmerzen und Sorgen« heißt auf Hebräisch חבלי, x^ebli. Dieses Wort addiert sich zu 50, dem Zahlenwert von NUN. Das Wort, das mit »Meer«, übersetzt wird, ים, jam, hat ebenfalls den Zahlenwert 50. »Der Fisch und das Meer sind eins«, weil sie den gleichen Zahlenwert haben. Das Meer ist BINAH, oder AIMA, die Mutter. Kabbalistisch sind auch der Fisch und der Sohn eins, weil der Fisch mit dem Meer, das die Mutter ist, eins ist, und weil *Die Mutter,* AIMA, den gleichen Zahlenwert hat wie Ben, בן, *Der Sohn.*

Zu 3

כל, *kol,* »alle, jede«, addiert sich zu 50, dem Zahlenwert des Buchstabens NUN. Dies bezieht sich auf den Beginn des Absatzes: »Dieses Eine ist das All.«

»Im Anschein der Vielfalt verschlossen« bezieht sich auf das Wort אטם, 'atam, »hermetisch verschließen, zusammenziehen, einschließen«, mit dem Zahlenwert 50.

Zu 4

»Dir« heißt auf hebräisch לך, l^exa. »Wie?« und »Welche?« heißt מי, *mi.* Beide Wörter haben den Zahlenwert 50.

»Weißer Glanz« ist der besondere Name für Kether, Die Krone. Dieser Ausdruck leitet sich von dem Wort

צחח, *tsaxax*, *glänzend, hell, leuchtend weiß*, ab, mit dem Zahlenwert 106, wie der des Buchstabennamens NUN, נון.

Zu 5

Das Buch Exodus sagt, dass Josua der Sohn von NUN war. Der Name seines Vaters bedeutet »Ewigkeit«. Josua bedeutet »die Natur der Wirklichkeit ist es, zu befreien«. Der Name »Jesus« ist eine Variante von Josua.

Was die folgende Lehre betrifft, wurde zu der Zeit, als das Wesentliche dieses Textes empfangen wurde, auch folgender Kommentar mitgegeben.:

»Die Zuordnung von Bewegung zu NUN wird verständlicher, wenn man sich daran erinnert, dass die älteren Philosophen mit dem Wort Bewegung das bezeichneten, was jetzt allgemeiner als Veränderung bezeichnet wird. So zählt Aristoteles vier Arten von Bewegung auf: erstens Veränderung der Lage; zweitens Zeugung und Auflösung; drittens Wechsel; und viertens Wachstum und Verminderung.«

»NUN bezieht sich vor allem auf das Phänomen der Fortpflanzung, was aus den folgenden Anmerkungen über die Bedeutung von Skorpion ersichtlich wird. Äußerlich kann die Zeugung als Auflösung gesehen werden, eine Tatsache, die von vielen Philosophen beschrieben und von Paulus (1. Korinther 15:36) so ausgedrückt wurde: »Was du säst, wird nicht lebendig, wenn es nicht stirbt.«

Zu Skorpion wurden zum Teil folgende Anmerkungen gegeben:

»Die Intelligenz der Schöpferischen Vorstellungskraft, die dem Buchstaben NUN zugeordnet wird, ist die bilderzeugende Fähigkeit, die dem universellen Bewusstsein innewohnt. Im Menschen ist es die geistige Kraft, durch die er seine Umgebung verändert, und daher ist sie im eigentlichen Sinne in ihrer Wirkung auf die existierenden Zustände zerstörend, denn sie zerstört das Alte, um Neues hervorzubringen.

In diesem Zusammenhang ist zu bemerken, dass Skorpion das Nachthaus des Mars ist, im Gegensatz zum Widder, den Mars am Tag regiert. Im Tarot entspricht NUN dem TOD; HE, der Buchstabe, der mit Widder verbunden ist, wird dem KAISER zugeordnet. Der Tod ist der Herrscher über die Form und über die Welt der Formgebung, ähnlich, wie DER KAISER über die schöpferische Welt herrscht. Das heißt, dass sich alle Formen wandeln müssen, und was sie wandelt, ist die Imagination, bzw. die schöpferische Vorstellungskraft.

Die universelle Vorstellungskraft bewirkt die größeren Umwandlungen, die menschliche Vorstellungskraft dagegen unterscheidet sich von ihr lediglich in ihrem Ausmaß. In Wirklichkeit aber ist die menschliche Vorstellungskraft die universelle Vorstellungskraft, die in einem begrenzten Bereich wirkt. Die gleiche Kraft wirkt durch jede belebte und unbelebte Schöpfung (wenn wir überhaupt sagen können, dass es unbelebte Materie gibt). Ihre wesentliche Natur erklärt sich durch die Wurzelbedeutung des Verbes נון, *nun*, keimen, sich durch Keimung vermehren. Die gleiche Idee findet sich im wohlbekannten Gleichnis vom Sauerteig. Sauerteig geht auf durch

Hefe, eine einzellige Pflanze, die sich durch Knospung, bzw. durch eine Art Ausstrahlung fortpflanzt. Die universelle Vorstellungskraft bewirkt durch einen ähnlichen Prozess alle Transformationen, denn jede neue Form keimt aus einer bereits existierenden.

Die Intelligenz der schöpferischen Vorstellungskraft ist natürlich vor allem in den Fortpflanzungsorganen des Körpers aktiv, und daher wird NUN durch seine Verbindung zu Skorpion diesen zugeordnet. Man beachte, dass der Fortpflanzungsorganismus gewisse Ganglien des sympathischen Nervensystems einschließt. Dies sind die Chakren der Hindus an der Basis des Rückgrates, am Bauchnabel (d.h. etwas unterhalb davon) und am Solarplexus. Durch die Kraft der Imagination steigt die Schlangenkraft in diesen Zentren empor, so dass aus dem giftigen Skorpion der Adler des Strebens wird.

Psychologen wissen, dass bei primitiven Menschen die Vorstellungskraft hauptsächlich auf die Erotik gerichtet ist und dass diese Tendenz nie ganz ausgelöscht wird, auch nicht bei den höchsten Bestrebungen. Was sich ändert, ist die Art des Ausdrucks, wobei die höheren Formen äußerlich nur noch wenig Ähnlichkeit mit der Grobheit derber Vorstellungen haben, so dass es nicht immer leicht ist, zu erkennen, dass es sich grundsätzlich um das Gleiche handelt.

Du musst deine Auffassung von der Sexualität grundlegend ändern, um die alte Weisheit erfassen zu können. Die Geschichte vom Sündenfall gibt hierüber bereits Aufschluss. Erst nach dem Fall schämten sich Adam und Eva. Ähnlich ist unsere falsche sexuelle Haltung die Frucht der Erinnerung an sexuelle Übel. Wir können nicht genug betonen, dass die Sexualität etwas Heiliges ist und dass sie als solche betrachtet werden muss, denn alle großen Symbole der alten Weisheit haben einen eindeutig phallischen Aspekt.

Der Irrtum, dem viele Wahrheitssuchende erliegen, sobald ihnen dieser Zusammenhang klar wird, ist, dass sie annehmen, dass der Weg der Erneuerung mit der Zeugungsfunktion der sexuellen Organe zusammenhängt. Nichts könnte der Wahrheit ferner sein, denn mit den phallischen Symbolen ist ein innerer Organismus gemeint, der aus Nerven besteht und nicht ein äußeres Organ. Die Kraft, die durch dieses innere Zentrum strömt, ist das Große Magische Agens, das göttliche Schlangenfeuer.

Wir haben die fast übermenschliche Aufgabe, neue Assoziationen für das Wort »Sexualität« zu finden, denn gewisse Aspekte der Wahrheit müssen durch Übungen für die praktische Anwendung ausgearbeitet werden. Diese haben jedoch schreckliche Folgen, wenn der Geist nicht vorher vollständig gereinigt wurde. Eine falsche Haltung muss durch eine hohe und ehrfurchtsvolle Einstellung des Respekts gegenüber jenem Zentrum des menschlichen Körpers ersetzt werden, in dem das Lebensfeuer am stärksten wirksam ist.

Zu 6

Das hebräische Wort für »Faden« ist קו, *kav*, das sich zu 106 addiert, dem Zahlenwert des Buchstabens NUN.

14   DIE MÄßIGKEIT

MEDITATION ÜBER SAMECH

1 ICH TRAGE alles,
Was ins Dasein tritt.
    Alles ist durch mich bedingt.
    Und Ich versage nie.
Das habe Ich dir schon auf viele Weisen kundgetan,
Doch höre jetzt aufs Neue meine Worte.

2   Ich erhalte die Schöpfung
In der ständigen Bewegung von Ebbe und Flut.
Dazu nehme Ich den Schein
Des läuternden Feuers an,
Das die Schlacken ausgedienter Formen
Für immer verbrennt.
    Dies ist meine Seite der Strenge,
    Und von ihr steht geschrieben:
»Tetragrammaton Elohim
Ist ein verzehrendes Feuer.«

Daher bin Ich wie einer,
Der Gold in einem Schmelzofen prüft,
Und diese Seite meines Seins
Zeigt dem Unrechten
Ein Gesicht des Zorns.

Doch durch das reinigende Feuer
Trage und erhalte ich dich
In jedem Augenblick deines Lebens.

3   Siehe, Ich bin es,
Der dich mit vielen sinnreichen Prüfungen versucht.
Weise bist du, wenn du erkennst,
Dass die scharfsinnige Schlange der Versuchung
In Wahrheit der Gesalbte ist,
Der dich zur Befreiung führt.

4   Ich bin es, der die Zeit des Beschlusses bestimmt,
Der die Frist der Tage Adams verkündet.

Die Fülle jener Tage
Wird deine Schwäche in Stärke wandeln, oh Israel,
Und in der Erneuerung deiner Kräfte
Wird sich die Fülle meines Großen Namens
Im Hause der Weisheit verkörpern.

Denn wenn du, wie durch Feuer, geläutert bist,
Wird das Gold deiner Schönheit
Von allen Schlacken befreit sein,
Und die Herrlichkeit des Himmlischen Sohnes
Wird allen Menschen offenbar.

5 Dann wird dir die Schau deines Herrn gewährt,
     Und wenn du Ihn erblickst,
     Siehst du den Strahlenden Einen,
     Der dein eigenes wahres Selbst ist.

In der Fülle dieser gesegneten Schau
     Wirst du erneuert;
Und wie ein junger Löwe, der auf seine Beute tritt,
Wirst du die Trugbilder der Täuschung überwinden.

6 Siehe, an diesem Tag wird das Licht, das IST,
Jede schreckliche Gestalt der Finsternis binden,
Und deine Wohnungen werden
     Durch den Weißen Glanz,
     Der von der Krone herabsteigt,
Gesegnet sein.

Kommentar zu Samech

* * * *

Aussprache: S
Zahl: 14
Zahlenwert: 60
Bedeutung: Träger, Stütze

Die Intelligenz der Versuchung und der Prüfung

Zu 2

Im Hebräischen bedeutet בחן, *baxan*, »durch Feuer geprüft«. Dieses Wort addiert sich zu 60, dem Zahlenwert des Buchstabens Samech. Außerdem gehört das Tierkreiszeichen Schütze, das Samech zugeordnet wird, zur Feuerdreiheit.

בחן *baxan*, kann auch *bᶜxan* gelesen werden, wenn das *b* als Präposition mit der Bedeutung »in, unter« gebraucht wird. Dann wird בחן mit »in Gnade« übersetzt. Es gibt bei dieser Lesart jedoch eine noch tiefere Bedeutung, denn חן, *xan*, ist eine Abkürzung von חכמה נסתרה, *xoxma nistra*, die Verborgene Weisheit, d. h. die Kabba-

142

lah. Daraus kann man schließen, dass die mystische Prü-
fung durch Feuer etwas mit der Einweihung in die Kabbalah zu tun hat.

Zu 3

Die Schlange der Versuchung ist נחש, *naxasch*, ein Wort
mit dem Zahlenwert 358, dem Zahlenwert des Namens
Messias, משיח, *me`schi'ax*.

Zu 4

»Die Zeit des Beschlusses«, entspricht מועד, *mo'ed*, Ter-
min, Frist, mit dem Zahlenwert 120, dem gleichen wie
der des Buchstabennamens Samech, סמך. Die Zahl 120
ist also die symbolische hebräische Zahl des vollendeten
Menschenlebens: »Seine Tage sollen einhundert und
zwanzig Jahre sein,« heißt es in Genesis 6:3. Diese Zahl
spielt auch im Rosenkreuzertum eine wichtige Rolle, denn
sie ist die fortgesetzte Multiplikation der ersten 5 Ziffern: 1 x 2 x 3 x 4 x 5.

»In Stärke verwandeln«, im nächsten Abschnitt der
Meditation, entspricht מכין, *maxin*, ebenfalls mit dem
Zahlenwert 120.

»Die Fülle meines Großen Namens im Hause der
Weisheit« ist eine typisch kabbalistische Aussage. Der
göttliche Name, der Chochmah zugeordnet wird, ist Jah,

יה, mit dem Zahlenwert 15. Die Erweiterung, oder die Summe der Zahlen von 1 bis 15 ist 120, so dass sich in סכין, *maxin*, »in Stärke verwandeln« oder »Erneuerung der Kräfte«, die Fülle des Zahlenwertes von Jah, יה, entfaltet. In diesem Zusammenhang ist es auch wichtig zu beachten, dass Jah, יה, direkt mit Chaiah, חיה, der Lebenskraft, und mit den kosmischen Zyklen des Tierkreises verbunden ist, denn es heißt, dass Chochmah der Sitz der Lebenskraft und die Sphäre des Tierkreises ist.

Die kabbalistische Alchemie ordnet das Metall Gold Tiphereth, Schönheit, zu, und diese Sephirah entspricht dem himmlischen Sohn, Ben, בן. Das hebräische Wort für »Erhabenheit« oder »Herrlichkeit« ist גאון, *gavon*, mit dem Zahlenwert 60, dem Wert des Buchstabens Samech. Den gleichen Zahlenwert hat auch der Ausruf: הנה, *hine*, »siehe«.

Zu 5

»... die Schau« oder »Vision«, מחזה, *maxaze*, hat den Zahlenwert 60, den Zahlenwert von Samech. Dieser Absatz enthält noch eine weitere typisch kabbalistische Redewendung: »in der Fülle dieser gesegneten Schau«. Da der Buchstabe Samech und das Wort *maxaze* den gleichen Zahlenwert haben, bezieht sich »Die Fülle dieser Schau« auf den Buchstabennamen Samech, wenn er in seiner Fülle geschrieben ist, also: סמך מים כף, Samech, Mem, Kaf. Auf diese Weise geschrieben addieren sich die Werte der einzelnen Buchstaben zu 310, dem Zahlenwert von כפיר, *kᵉfir,* »ein junger Löwe«, und von דוש, *dasch,* »treten auf.«

Aus dieser Schreibweise von Samech, סמך, in seiner Fülle leiten sich ebenfalls die Worte יש, *jesch,* »ist« oder »sind«; חבש, *xavasch,* »zügeln, beherrschen, regieren«, sowie מדורין, *mᵉdurin,* »Wohnungen«, ab. All diese Worte entsprechen dem Zahlenwert 310.

15   DER TEUFEL

MEDITATION ÜBER AJIN

1   ALSO spricht Er, der seine Worte in Dunkel fasst:
      Ich bin der Herr, nicht nur des Lichts,
      Sondern auch der Finsternis,
    Denn Ich, der Eine, durchdringe alles.

    Dies sind harte Worte
    Und für viele ein Stein des Anstoßes.
    Du aber erwäge sie wohl,
    Und bewege sie in deinem Herzen.

2   Steht nicht schon im Buch Exodus geschrieben,
Dass der Herr das Herz des Pharao verhärtete,
Und heißt es nicht bei Jesaja,
»Beides habe Ich erschaffen, das Böse und das Gute«?

Hast du nicht auch gelesen,
»Das AUGE des Herrn ist überall«?
Und David sagte,
»Wenn Ich zum Scheol hinabsteige, bist du dort.«

3   AJIN ist das AUGE,
Und es ist wahrhaftig an jedem Ort,
Weil es keinen Ort gibt, außer im Offenbarten,
   Und wo immer ein Ort ist,
Sind Licht und Dunkelheit beieinander.
Aus der Mixtur von Licht und Dunkel
Gehen alle Dinge hervor.
   Und Ich bin sowohl der Fürst der Finsternis
   Als auch der König des Lichtes.
Sollte es irgend etwas geben, über das Ich,
Der Herr über alles, keine Herrschaft habe?

4 Verkehrt sieht, wer das nicht erkennt.
Und in seinem getäuschten Denken
Zerteilt er meine Natur
Und stellt dem Königreich des Lichts
Das Reich der Finsternis entgegen
Und erschafft so zwei Götter.

Doch ist das Dunkel die Quelle des Lebens,
Der alles Erschaffene entströmt;
    Und die tiefe Dunkelheit,
    Die meine Wohnung ist,
Ist die Substanz von allem, was im Außen erscheint.

5 Fünffach gekerbt und dreißig ist das AUGE,
Der Urquell jeder äußeren Erscheinung.
    Dieses AUGE ist der EINE,
Vervielfacht durch die Sephiroth.
Es ist die Sonne des Lebens und des Lichtes,
Die durch die zwölf Stämme des Himmels scheint
Und ihre Kraft durch den Lebensbaum ausbreitet,
    Um alle Dinge zu erneuern.
Dennoch wirft jeder Strahl dieser Sonne
    Auch einen Schatten,
    Weil in der ganzen Schöpfung
    Licht und Dunkelheit zusammengehören,

Und ihr Gleichgewicht
Ist das Geheimnis aller Geheimnisse.

Eins, und nicht zwei,
Ist der Anfang und das Ende von allem.
Doch zeigt dieses Eine der Menschheit zwei Seiten,
Weil der Mensch der Täuschung
Der Zweiheit unterliegt.

6   Ich, der Herr, zerstöre durch Dunkelheit,
Doch durch Dunkelheit erschaffe Ich auch.

Der Weise erkennt dies.
Die Toren aber, getäuscht vom äußeren Schein,
Erschaffen einen Dämon
Aus dem Netz ihrer Torheit.

Am letzten Tag wird der Dämon
In ein Meer aus Feuer geworfen.
Doch jedem Menschen ist ein letzter Tag bestimmt,
    Und niemand kennt die Zeit
    Außer Ihm, der sie bestimmt hat.

7   Das Meer aus Feuer
     Ist das göttliche Verstehen,
     Das dem Menschen zuteil wird,
     Der dem Weg der Betrachtung folgt
     Wie unser Vater Abraham.
     Und der letzte Tag
     Ist die Zeit der Vollendung.

Für einen solchen Menschen
Werden alle Dinge vergehen,
Und er wird alle Dinge neu erblicken.
    Und der Fürst der Finsternis
Wird in das Meer aus Feuer geworfen.

Dann wird der Erleuchtete sehen,
Dass der Dämon in Wahrheit
    Nur der Schatten des Herrn ist.

Kommentar zu Ajin

* * * *

Aussprache: Anlaut zum folgenden Vokal
Zahl: 15
Zahlenwert: 70
Bedeutung: Auge

Die Erneuernde Intelligenz

Zu 4

»Doch ist das Dunkel die Quelle des Lebens ...« bezieht
sich auf die zweite Bedeutung des Wortes Ajin, עי, »Brun-
nen, Fontäne, Quelle«.

Zu 5

»Fünffach gekerbt und dreißig ...«, 130, ist der Zahlenwert von Ajin, עי, das hier »... der Urquell jeder äußeren
Erscheinung« genannt wird, weil Ajin, עי, auch Ausse-
hen, Gesicht, äußere Erscheinung, Farbe, bedeutet.

130 ist 13 multipliziert mit 10. 13 ist die kabbalistische Zahl für Einheit, weil Achad, »eins«, mit den Buch-

staben geschrieben wird, deren Zahlenwert 13 ergibt. Die Zahl 10 kann immer als Symbol für die 10 Sephiroth betrachtet werden. Kabbalistisch entspricht also 130 der Aussage: »Das AUGE ist das EINE, vervielfacht durch die Sephiroth.«

Die beiden Seiten, von denen im letzten Absatz gesprochen wird, werden auf dem Lebensbaum durch die beiden gegenüberliegenden Säulen dargestellt, die Säule der Gnade und die Säule der Strenge. Die Säule der Gnade ist die Säule des Lichtes, die Säule der Strenge ist die der Dunkelheit. Das hebräische Wort für »Säulen« lautet עמודי, 'amudi, mit dem Zahlenwert 130, dem gleichen wie der des Buchstabennamens AJIN, עין.

Zu 7

»... der dem Weg der Betrachtung folgt wie unser Vater Abraham ...« bezieht sich auf den letzten Absatz des letzten Kapitels des *Sepher Jetzirah*:

»Und als unser Vater Abraham gekommen war, betrachtete er es, erwog es in seinem Geist, stellte es sich genau vor und erforschte es sorgfältig, und als er das Ziel seiner Betrachtung erreicht hatte, erschien ihm der Herr des Universums.«

| 16 | DER TURM | כ |

MEDITATION ÜBER PE

1 ICH BIN der MUND,
   Durch den der Atem des Lebens ausströmt.
   Ich bin der Alles-Verschlingende,
   Zu dem alles zurückkehrt.

2 »Anfang und Ende«
   Ist mein heiliger Name.
   Denn der MUND
   Ist das Zeichen der Vervielfältigung meiner selbst,
   Durch die Ich mich mir selbst bezeuge.

3   Ich bin das Wort des Lebens,
Das jeden Beginn hervorruft,
    Das Wort,
Das seinen Anfang im SIEG
Und seine Erfüllung im GLANZ hat
Und das Gleichgewicht zwischen ihnen ist.

4   Es steht geschrieben,
Dass das Wort des Herrn niemals fehlt.
    Wie könnte es auch anders sein?
    Denn in Wahrheit bin Ich siegreich,
    Noch ehe der Kampf begonnen hat.
    Und die Fortdauer meines Lebens
Ist ein strahlender Glanz bis in alle Ewigkeit.

5   Ich bin,
    Formen vergehen.
    Aus mir gehen sie hervor,
Zu mir kehren sie wieder zurück.
    Ihre Rückkehr ist das,
Was die Menschen Zerstörung nennen.
    Lass dich dadurch nicht täuschen.
Ich reiße nur nieder, um Neues zu erbauen.

Wahrlich, Zerstörung ist die Grundlage
Für alles Bestehende.
Und die Zerstörung, die du siehst,
Ist nur das Sammeln von Material
    Für ein herrlicheres Bauwerk.

6   Deshalb steht geschrieben:
    »Der Mensch lebt nicht vom Brot allein,
Sondern von allem, was dem PE
    Von Tetragrammaton entströmt.«

    Nicht von einem Teil, oh Israel,
Sondern von *allem,*
Was dem Mund des Herrn entströmt.

    Sie täuschen sich, die sagen:
»Der Mensch lebt durch die Gnade des Herrn.«
    Wisset,
Dass durch das Gleichgewicht
Von Gnade und Strenge
Alles Leben,
Ja, selbst dieses ganze Universum fortbesteht.

KOMMENTAR ZU PE

* * * *

Aussprache: P
Zahl: 16
Zahlenwert: 80
Bedeutung: Mund

Die Anregende oder Aktive Intelligenz

Zu 2

Wie auch an anderen Stellen dieser Meditationen betrachtet der Autor hier die Manifestation als einen Vorgang, in dem sich die Lebenskraft selbst verwirklicht.

Zu 3

Dieser Absatz bezieht sich auf den 27. Pfad der Weisheit, den Pfad der Anregenden oder Aktiven Intelligenz, der die Sephiroth NETZACH, Sieg, und HOD, Glanz, verbindet. Im vierten Abschnitt setzt sich diese Thematik fort.

Zu 5

»Zerstörung ist die Grundlage für alles Bestehende.« Der Buchstabe Pᴇ hat als einzelner Buchstabe den Zahlenwert 80, den gleichen wie Jᴇꜱᴏᴅ, יסוד, »Fundament, Grundlage«. Auf dem Lebensbaum entspricht Jᴇꜱᴏᴅ den Zeugungsorganen des Himmlischen Menschen. Der Prozess, der die Erzeugung eines menschlichen oder tierischen Körpers einleitet, ist vor allem eine Zerstörung. Die männliche Zelle oder das Spermatozoon durchdringt die weibliche Zelle oder das Ei, und beginnt in der Eizelle einen Prozess der Teilung.

Zu 6

Das Zitat entspricht Deuteronium 8:3: »... dass der Mensch nicht lebt vom Brot allein, sondern von jedem Wort, das aus dem Mund des Herrn geht.« Aber die »Authorized Version« ist eine Übersetzung, die von Theologen gemacht wurde, die den Begriff »Wort« einschoben, der im Urtext nicht vorkommt; die von unserem Autor stammende Wiedergabe ist also genauer und vermittelt auch eine tiefere Erkenntnis.

17   **DER STERN**

MEDITATION ÜBER TSADI

1   GLAUBST du, oh Suchender der Weisheit,
     Dass du dich durch deine Suche
     Selbst ins Licht führst?

     Nein,
     Ich bin der ANGELHAKEN,
    Der in die Wasser der Finsternis geworfen wurde,
    Um die Menschen aus ihren Tiefen
    In die Sphäre der wahren Erkenntnis zu erheben.

     Wenn sie in diese Sphäre eintreten,
    Muss ihr altes Selbst sterben wie ein Fisch,
    Der aufs Land geworfen wird.

    Doch sterben sie nur, um wieder zu leben.
    Und was ihnen vorher wie das Leben schien,
    Sieht nun aus wie der Tod.

2   Der Mensch glaubt, er suche mich,
      Doch Ich bin es, der ihn sucht.
Es gibt keinen, der sucht, außer mir,
      Und wenn Ich mich selbst finde,
Hat die Mühe des Suchens ein Ende.

      Der Fisch schnappt nach dem Angelhaken,
      Weil er Nahrung zu finden glaubt.
Jedoch der Angler ist es, der das Mahl genießt.

3   Verstehe das Gesagte, wenn du kannst:
Der Angelhaken und das Tor und die Rechte Hand
Bin Ich.
Ich ziehe die Menschen heraus
Aus dem Tod des Irrtums
      In das Leben der Wahrheit.
Ich bin das Tor, durch das sie gehen.
      Ich bin die ausgestreckte Hand,
      Die sie durch die Pforte leitet.

      Und Ich bin das Fenster,
      Das hinausschaut auf die Welt
      Und nach innen auf mein Selbst.

Der Durchgang vom Tod und von der Finsternis
      Des Außen

Zum Leben und Licht
 Des Innen
Ist nur ein Wenden des Auges der Seele
 Von der Betrachtung des äußeren Scheins
 Zur Schau der Wirklichkeit.

4 Ich bin das Gleichgewicht
Zwischen Sieg und Fundament.
 Dieses Gleichgewicht bewahre Ich
Durch ständige Betrachtung meiner eigenen Natur.
Nur weil Ich mich selbst niemals vergesse,
Nimmt die Schöpfung ihren Lauf.
 Die Samen alles Bestehenden
Entspringen der Kontemplation meines Selbst,
Die ein großes Schweigen ist,
Denn nicht mit Lärm und Getöse
Vollendet sich mein Werk.

Hierin ist das Geheimnis
Der Gründungssäule verborgen,
Die Salomo vor dem Portal des Tempels errichtete;
Und dies ist das königliche Geheimnis
Meiner Herrschaft.

Kommentar zu Tsadi

* * * *

Aussprache: Ts
Zahl: 17
Zahlenwert: 90
Bedeutung: Angelhaken

Die Natürliche Intelligenz

Zu 3

»Der Angelhaken« entspricht dem Buchstaben Tsadi, »das Tor« dem Buchstaben Dalet und »die rechte Hand« dem Buchstaben Jod. Dieser Abschnitt der Meditation ist, Buchstabe um Buchstabe, nur eine Entwicklung einiger der Zuordnungen zum Buchstabennamen Tsadi, צדי.

Der Zahlenwert des Buchstabennamens ist 104, die Addition seiner Ziffern ist 5, der Zahlenwert des Buchstabens He, mit der Bedeutung »das Fenster«. Die Schau der Wirklichkeit, die die Illusionen des äußeren Scheins berichtigt, resultiert daraus, dass sich das Auge der Seele nach innen wendet. Man vergleiche diesen Abschnitt mit der gesamten Meditation über den Buchstaben He.

164

Dieser Abschnitt bezieht sich auf den 28. Pfad der Weisheit, der die Sephirah NETZACH und die Sephirah JESOD verbindet. Dieser Pfad wird die »Natürliche Intelligenz« genannt und ist durch den Buchstaben TSADI mit der Meditation verbunden.

Zu der Zeit, als diese Meditationen übermittelt wurden, erhielten wir folgenden Kommentar zum 4. Abschnitt:

»Hier haben wir eine der tiefgründigsten Lehren der heiligen Wissenschaft, der Lehre, dass das Universum seine Existenz nur der ständigen Selbstbetrachtung seines Schöpfers verdankt. Die Natur ist demnach das Ergebnis der Meditation des Geistes über die Kräfte seines eigenen Seins. Das Universum entsteht durch das Denken und wird durch Gedankenprozesse aufrechterhalten. Auf diesem Fundament ruht die gesamte Struktur des praktischen Okkultismus und aufgrund dieser Lehre kann die Bedeutung der Meditation verstanden werden.

Wenn Aspiranten wirklich meditieren, haben sie an der göttlichen Kraft teil, die alles erschafft. Um zu prüfen, ob es einem Schüler wirklich gelungen ist zu meditieren, stelle man sich folgende Frage: »Hat das, was er tut, bessere Ergebnisse als vor dem Beginn seines Meditierens oder nicht?«

Schüler des Tarot werden an folgendem Kommentar zur Beziehung zwischen Tsadi und Tarotschlüssel 17, Der Stern, interessiert sein:

»Der Gebrauch des Tarot bewirkt, dass in der Selbstbetrachtung des Geistes das Universum so erscheint, wie es wirklich ist. Die göttliche Mutter ist vor ihrem Herrn immer entschleiert. Außer in den seltenen Augenblicken, in denen der Mensch an der göttlichen Meditation teilhat, ist sie für den Menschen bestenfalls die verschleierte Isis und schlimmstenfalls der Dämon von Schlüssel 15, Der Teufel.«

»Ein großes Schweigen ...« entspricht im Hebräischen דומם, *domem*, mit dem Zahlenwert 90, dem gleichen, wie der des Buchstabens TSADI.

»Die Gründungssäule« ist *Jakin*, יכן, mit dem Zahlenwert 90.

| 18 | DER MOND | ꝑ |

MEDITATION ÜBER KOF

1   ICH BIN der KNOTEN
In der endlosen Schnur des Lebens,
Der Vergangenheit und Zukunft,
Zur ewigen Gegenwart verknüpft.

     Ich bin ALEF und TAV,
     Anfang und Ende.

     Alles, was war,
     Und alles, was sein wird,
     Ist jetzt,
Denn für meine Augen gibt es keine Zeit.

Darum bin Ich der Anfang der Suche,
     Und auch ihr Ziel,
     Und Ich bin der Weg des Lebens.

2   Dies ist mein verborgenes Sein
Hinter der äußeren Form des Größeren Antlitzes.
    Weshalb Ich auch genannt werde:
Die RÜCKSEITE des Kopfes, der kein Kopf ist.

3   Ich bin die Summe aller Vollendungen,
Die Dekade, mit sich selbst vervielfacht.
In dieser meiner Zahl wird ein Schlüssel
Zur Gestaltwerdung gefunden.

4   Meine Gegenwart ist die Ursache jeder Form,
Und für jene, die Augen haben zu sehen, ist dort,
Wo auch immer ein Mensch seinen Fuß aufsetzt,
Heiliger Boden.

Nicht nur in abgelegenen Heiligtümern,
Sondern auch auf Straßen und Marktplätzen,
    Am Wohnort der Sünde
    Wie auch im Hause des Gebetes
Kannst du mit deinem Vater Jakob sagen:
»Gewiß ist der Herr an diesem Ort,
Und ich wußte es nicht.«

5   Wahrlich,
    Durch deine Weise, den Körper zu erleben.
    Erfahre Ich mich als Form,
    Und durch dieses Wissen, das in dir wirkt,
    Erhalte Ich dein Dasein
    In allen Zuständen und Bedingungen.

6   Siehe, oh Israel, Ich wohne in dir,
        Und du wohnst in mir.
        Gib acht,
    Dass du deinen Herrn in menschlicher Gestalt
    Nicht verachtest.

KOMMENTAR ZU KOF

* * * *

ק

Aussprache: K
Zahl: 18
Zahlenwert: 100
Bedeutung: Hinterkopf

Die Körperliche Intelligenz

Zu 1

Die alte Form des Buchstabens KOF, oder KUF, sieht wie
ein in eine Schnur geknüpfter Knoten aus.

ALEF und TAV sind der erste und der letzte Buchstabe
des hebräischen Alphabets. Die Feststellung »Ich bin ALEF
und TAV« ist wie diejenige in der Apokalypse, die vom
himmlischen Menschen sagt, er sei Alpha und Omega.

את, 'et, eine in der Kabbalah gebräuchliche Partikel,
die den Akkusativ bestimmt, setzt sich aus dem ersten
und letzten Buchstaben des Alphabets zusammen, umfasst also das gesamte Alphabet und somit auch die Gesamtheit der göttlichen Kräfte.

Zu 2

Dieser Absatz beruht auf der Bedeutung des Buchstabennamens KOF, קוף. »Rückseite des Kopfes, der kein
Kopf ist,« ist ein kabbalistischer Name für KETHER, Die

Krone. Sie ist Kopf oder Anfang der zehn Sephiroth. »Es ist kein Kopf,« weil die Konzentrierung des grenzenlosen Lichtes in KETHER nur die Wirkung einer geheimnisvollen Kraft ist, die *Ain Soph Aur* innewohnt. »Das Größere Antlitz«, bzw. der Makroprosopos, ist ein weiterer Name für Kether. Das bedeutet, dass KOF, hier die strahlende Dunkelheit, *Ain Soph Aur*, ist, die hinter der ersten Sephirah liegt.

Zu 3

Der Zahlenwert des Buchstabens KOF, ist 100, oder 10 mal 10, die Dekade mit sich selbst multipliziert. Der »Schlüssel zur Gestaltwerdung« ist folgender:

Die unaussprechlichen Sephiroth, die in *Ain Soph Aur* verborgen sind, manifestieren sich als die zehn Sephiroth, die den Lebensbaum bilden. Dies geschieht durch die Selbstbetrachtung der Lebenskraft. Daher wird die Kraft der unaussprechlichen Sephiroth mit jener der manifestierten Sephiroth multipliziert, und diese Multiplikation wird durch die Zahl 100 dargestellt.

Zu 4

Das Schlüsselwort dieses Abschnittes ist das Substantiv מקום, *makom*, »Ort, Platz«, mit dem Zahlenwert 186, dem gleichen wie der des Buchstabennamens KOF, קוף.

Zu 5 und 6

Dieser Absatz und auch der nächste beziehen sich auf den 29. Pfad der Weisheit mit dem Namen »Körperliche Intelligenz«, d.h. Körperbewusstsein. Von diesem Pfad heißt es, dass er »alle Körper in allen Welten formt und sie wieder hervorbringt.«

| 19 | **DIE SONNE** | ר |

MEDITATION ÜBER RESCH

1   ICH BIN das ANTLITZ, das ewig leuchtet
Und vor dem die Finsternis flieht.

Ich bin der Weiße Glanz
Des Kopfes, der kein Kopf ist.

Ich bin der verschwenderische Geber
Allen Überflusses.

Doch obwohl Ich das Größte des Großen bin,
Bin Ich auch das Kleinste des Kleinen.

Ich bin die Tiefe ebenso wie die Höhe,
Das Außen ebenso wie das Innen,
    Denn in mir sind alle Gegensätze vereinigt.

Ich bin die Herrlichkeit der Ewigen Quelle,
Und Ich bin das Fundament des Königreichs
Des zeitlosen Ergebnisses.

2   In ASSIAH bin Ich die Sonne,
Deren Strahlen die Quelle
Allen Lebens und Handelns sind.
    Die Sonne dieser materiellen Welt
    Ist der Vater all ihrer Körper
    Und die Ursache jeder Bewegung.
    Doch obwohl Ich deine Sonne bin,
    Bin Ich auch jede andere Sonne.

Verliere nicht den Geist des Symbols,
    Oh, Suchender des Lichts.

3   Unter den Flügeln der Großen Sonne wohnst du,
Und von dieser Sonne sagt der Prophet:
    »Nur dir, der du meinen Namen fürchtest,
    Wird die Sonne der Rechtschaffenheit
    Mit heilenden Schwingen aufgehen.«

Ja, an diesem Tag
Wirst du deinem Herrn ein neues Lied singen,
Ein Lied der Freude an Seinem herrlichen Angesicht,
Dem ANTLITZ deines wahren Selbst.

Kommentar zu Resch

* * * *

ר

Aussprache: R
Zahl: 19
Zahlenwert: 200
Bedeutung: Gesicht

Die Sammelnde Intelligenz

Zu 1

Der erste Absatz gibt die verschiedenen Namen für
KETHER, Die Krone, wieder. Diese sind: רישא האורה,
'rescha ha 'ora, Das Weiße Haupt; תת זל, tat zal, Der
Verschwenderische Geber; נקדה פשות, n^ekuda p^eschut,
Der Kleine Punkt, und עליון, 'eljon, das Höchste. Der
Schluss dieses Absatzes bezieht sich auf den Pfad von
Resch, den 30. Pfad der Weisheit, mit dem Namen »Sam-
melnde Intelligenz«, der HOD, Glanz oder Pracht, mit JE-
SOD, Fundament, verbindet.

Zu 2

ASSIAH ist die unterste der vier kabbalistischen Welten.
Dieser Absatz beginnt mit der Zuordnung der physischen
Sonne zum Buchstaben RESCH. Dann werden wir darauf
hingewiesen, dass wir die physische Sonne nicht mit der
geistigen Sonne verwechseln dürfen.

Zu 3

Dieser Absatz erinnert an das große ägyptische Symbol
der geflügelten Scheibe. Das Schlüsselwort ist כנפים,
kanafim, die Flügel, mit dem Zahlenwert 200, dem Zahlenwert des Buchstabens RESCH.

Man vergleiche dies mit den abschließenden Worten
der rosenkreuzerischen *Fama Fraternitatis: Sub umbra
alarum tuarum, Jehova,* »Unter dem Schatten Deiner Flügel, Jehova.«

Im letzten Absatz lautet das Schlüsselwort שיר, *schir,*
das Lied, mit dem gleichen Zahlenwert, 510, wie der des
Buchstabennamens RESCH, ריש, der aus den gleichen
Buchstaben besteht, jedoch in anderer Reihenfolge.

Das Wort ANTLITZ in der letzten Zeile ist eine Anspielung auf die Bedeutung des Buchstabennamens.

20 DAS URTEIL ש

MEDITATION ÜBER SCHIN

1   ICH BIN der Kreis der ewigen Flamme,
     Die sich selbst nährt.

  Aus diesem Feuer gehen alle Dinge hervor,
  In ihm haben alle Dinge ihr Sein,
  Und zu ihm kehren sie alle zurück.

2   Dem Unerleuchteten
     Ist es wie eine verzehrende Flamme,
  Und darum ist es der Fangzahn des Todes;
     Denn durch meine verwandelnde Kraft
  Bewirke Ich das Aufhören meines Ausdrucks
     In erschaffenen Formen,
  Und der Unwissende sieht nicht,
  Dass das Aufhören der einen Form
  Nur der Übergang zu einer anderen ist.

3   SCHIN, der ZAHN oder der Fang,
     Ist auch der vollendete Kreis,
     Ohne Anfang,
     Ohne Ende.
     Das nimmt der Weise wahr

Und weiß, dass es für kein Geschöpf
Den Tod geben kann.

4   Dreifach ist meine Flamme in der Manifestation
    Und eins in der Essenz.
    Drei Feuerzungen,
    Drei offenbarende Worte
Und Ein Sein, aus dem alles hervorgeht.
    Eine archetypische Welt,
    Ein schöpferischer Buchstabe,
    Und drei Welten entstehen daraus.
Dies ist die Offenbarung des heiligen Feuers.

5   Es ist das Feuer der Formgebung,
    Und durch dieses Feuer wird gesühnt.

    Dieses Feuer ist in den Tiefen des Wassers
    Des Großen Meeres verborgen,
    Denn in der Wurzel der Wasser
    Ruht das Feuer des Vaters.

6   Siehe, dies ist das Feuer des Atems der Mächtigen,
    Und es erscheint als Flamme der Getrenntheit.
    Diese lebendige Flamme
    Ist die Kraft des Gesalbten,
    Die Kraft des mächtigen Donners des blendenden
                                    Blitzes,
    Der das Eine in die Zwei teilt,
    Und der bei seiner Rückkehr
    Die Zwei in der vollkommenen Einheit aufnimmt.

Kommentar zu Schin

* * * *

Aussprache: Sch oder S
Zahl: 20
Zahlenwert: 300
Bedeutung: Zahn bzw. Fang

Die Immerwährende Intelligenz

Zu 1

»Kreis« wird hier in dem Sinne benutzt, dass jeder Kreis 360 Grade hat und 360 auch der Zahlenwert des Buchstabennamens SCHIN, ‏שין‎, ist. »Flamme« bezieht sich auf den Buchstaben SCHIN, dem das Element Feuer zugeordnet wird.

Man beachte auch, dass der Kreis das geometrische Symbol für Anfang und Ende darstellt.

Zu 2

Das Schlüsselwort dieses Absatzes lautet »Fang«, eine der Bedeutungen des Buchstabennamens SCHIN.

Zu 3

Dieser Absatz enthält einen Hinweis auf den Zahlenwert des Buchstabennamens, 360, die Anzahl der Grade eines Kreises.

Zu 4

Dieser Absatz basiert auf der äußeren Form des Buchstabens, der drei Flammenzungen gleicht, die aus einem Feuer aufsteigen.

Zu 5

Das Schlüsselwort in diesem Absatz ist »Formgebung«, יצר, *jetzer,* mit dem Zahlenwert 300, dem Wert des Schriftzeichens SCHIN. In gleicher Weise addiert sich »Buße, Sühne«, כפר, *kafar,* »durchlaufen, verzeihen, versöhnlich stimmen, aufheben«, zu 300.

Der zweite Absatz dieses Teils enthält die gleiche Lehre wie die, die in der Meditation über ZAJIN gegeben wurde. BINAH ist das Große Meer, sowie die Wurzel der Wasser, und CHOCHMAH ist der Vater, sowie die Wurzel des Feuers.

Zu 6

Das Feuer in CHOCHMAH hat seinen Ursprung in der ersten wirbelnden Bewegung, die in KETHER beginnt und durch den Pfad von ALEF, dem Ruach, רוח, der Lebensatem, zugeordnet wird, absteigt. Mit dem »Atem der

Mächtigen« meint der Text hier Ruach Elohim, אלהים רוח, mit dem Zahlenwert 300, dem gleichen wie der von SCHIN. Daher wird SCHIN auch der »Heilige Buchstabe« genannt. Es heißt, dass er sich als eine Flamme der Getrenntheit zeigt, weil פירוד, pirod, das sich ebenfalls zu 300 addiert, Getrenntheit heißt. Man beachte auch, dass die Form des Buchstabens drei voneinander getrennte Flammen zeigt.

»Der Gesalbte« ist המשיה, ha ma'schia, mit dem Zahlenwert 360 (eine etwas abweichende Schreibweise des üblichen המשיח, ha me'sch'iax). רעמים, ra'amim, Donner, addiert sich ebenfalls zu 360, dem Wert des Buchstabennamens SCHIN.

»...des blendenden Blitzes...« entspricht dem Abstieg der Sephiroth in die augenblickliche Manifestation, der von den Kabbalisten gern als Lichtblitz dargestellt wird, weil im Buch der Formgebung, *Sepher Jetzirah,* folgende Worte stehen: »Zehn unaussprechliche Sephiroth: ihr Erscheinen gleicht dem Aufleuchten eines Blitzes, ihr Ziel ist unendlich«. Der Abstieg der Sephiroth scheint die Einheit des Geistes in Manifestiertes und Unmanifestiertes zu teilen. Im Hebräischen ist das Wort für »zwei« שני, sch'ni; ausgesprochen als *scheni* bedeutet es »das zweite«. Dieses Wort setzt sich aus den gleichen Buchstaben zusammen wie SCHIN und hat daher auch den gleichen Zahlenwert. Daher ist der Kreis, der durch die Zahl 360 numerisch ausgedrückt wird, auch ein Symbol der Begrenzung, und damit auch der Trennung zwischen einem bestimmten Bereich innerhalb seines Umfangs und der unbegrenzten Weite außerhalb.

| 21 | DIE WELT | ת |

MEDITATION ÜBER TAV

1   ICH BIN das Ende und die Gesamtheit aller Dinge,
      Das Ende, das ohne Ende ist,
      Wie auch der Anfang.

2   Vierfach bin Ich in Tätigkeit,
      Und zehnfach in Erscheinung,
      Und in mir
   Sind die vierhundert Lichter
   Der göttlichen Emanation
      Manifestiert in Zehn,
   Und Ich besitze auch die vier-und-zwanzig Throne
      Der Urkräfte.

3   Ja, Ich bin Tav, תו,
     T, ת, das Ende, und V, ו, das Zeichen ewigen
       Bestehens.
       Lerne hieraus, oh Israel,
     Dass Ich niemals aufhöre,
     Mich selbst zum Ausdruck zu bringen.
       Darum steht geschrieben:
       »Le Olam, in alle Ewigkeit.«

4   Mein Vorwärtsschreiten
     Ist eine immerwährende Unterweisung,
     Denn wahrlich,
     Der Pfad von Tav hat seinen Anfang
     Im Fundament der Unterweisung.
     Der Hauptgedanke dieser Unterweisung aber ist:
       Ende und Anfang sind Eins.

5   Was aber ist das Ende, das auch der Anfang ist?
       Siehe, in Tav, תו, ist es verborgen,
       Denn Tav, תו ist auch Athah, אתה.
     Und somit wird klar,
     Dass du, auch du,
     Anfang und Ende bist,
     Und das Fenster der Schau,
     Das nach innen zur Quelle blickt
     Und nach außen zum Ziel.

6   Durch alle Wandlungen des Lebens
        Bleibe Ich mir gleich.
        Und das Selbst, das Ich bin,
        Ist dein wahres Selbst.

7   Darum ist das Ziel aller Weisheit
    In dem einen Wort Athah, אתה, Du, verborgen.
        Das, was du suchst,
        Wahrlich, das bist du.
    Der Schatz, den du nach weiten Wegen findest,
        Ist das Juwel der Ewigkeit
        In deinem Herzen der Herzen.

Kommentar zu Tav

* * * *

Aussprache: T
Zahl: 21
Zahlenwert: 400
Bedeutung: Zeichen oder Kreuz

Die Dienende oder Verwaltende Intelligenz

Zu 1

Als letzter Buchstabe des hebräischen Alphabets repräsentiert TAV symbolisch die Vollständigkeit oder das Ende der Manifestation. Der Buchstabenname TAV, ות, übermittelt uns jedoch subtil die Vorstellung davon, weshalb er in dieser Meditation »das Ende, das ohne Ende ist« genannt wird. Denn im Hebräischen wird der Buchstabe V, ו, als das Verbindungswort »und« gebraucht, so dass der Buchstabenname TAV durch das T das »Ende« und durch V »ewiges Bestehen« andeutet.

Zu 2

Die Lehre von der vierfachen Aktivität des Geistes kommt in der Kabbalah immer wieder vor und drückt sich auf die verschiedensten Weisen aus. Der Gottes-

190

name JHVH, יהוה, hat zum Beispiel vier Buchstaben, wobei jeder Buchstabe einem der vier Elemente und einer der vier kabbalistischen Welten entspricht. Die Buchstaben dieses Namens werden auch durch die vier Kreaturen dargestellt, die in der Vision des Hesekiel so beschrieben werden: »Diese Vier hatten jede das Gesicht eines Löwen, eines Adlers, eines Menschen und eines Ochsen«. Diese lebendigen Kreaturen entsprechen den vier Aspekten des Absoluten. Der Löwe entspricht dem Leben, dem Element Feuer, ATZILUTH, der archetypischen Welt, dem JOD in JHVH und der Sephirah CHOCHMAH, der Wurzel des Feuers. Der Adler entspricht dem Geist, dem Element Wasser, BRIAH, der schöpferischen Welt, dem ersten HE in JHVH und der Sephirah BINAH, der Wurzel des Wassers. Der Mensch entspricht dem dritten Aspekt, der Wahrheit oder dem Gesetz, dem Element Luft, JETZIRAH, der formgebenden Welt, dem VAV in JHVH und der Sephirah TIPHERETH, die der Luft zugeordnet wird. Der OCHSE entspricht dem vierten Aspekt, der Liebe, dem Element Erde, ASSIAH, der materiellen Welt, dem letzten HE in JHVH und der Sephirah MALCHUTH, die der Erde zugeordnet wird.

Der Kabbalah zufolge teilt sich die Lebenskraft in die zehn Lichter der göttlichen Emanation, in die Sephiroth, und da es heißt, dass jede Sephirah alle anderen in sich enthält, so ist die Gesamtzahl jeder Welt 100, also 400 für die vier Welten. Doch alle 400 sind in den ursprünglichen Zehn enthalten und der unaussprechliche, nicht manifestierte Lebensbaum ist in Ewigkeit in *Ain Soph Aur*, dem Grenzenlosen Licht, enthalten. Wegen seiner

191

Zahl 400 stellt der Buchstabe Tᴀᴠ die vollständige Manifestation der Sephiroth dar.

Die »vier-und-zwanzig Throne der Urkräfte« entsprechen den »Thronen der Ältesten«, die im ersten Kapitel der Apokalypse erwähnt werden, die von einem Kabbalisten mit profundem Wissen geschrieben wurde. Die Zahl 24 ist das Ergebnis der Multiplikation der Ziffern von 406 (4 x 6), dem Zahlenwert des Buchstabennamens Tᴀᴠ, תו. Die vierundzwanzig Throne sind die positiven und negativen Manifestationen der zwölf Kräfte, die den zwölf Zeichen des Tierkreises entsprechen.

Zu 4

»Unterweisung« oder »Bildung« ist die Bedeutung des hebräischen Wortes משכיל, *maskil*. Dieses Wort ist einer der Titel der Sephirah Jᴇꜱᴏᴅ, Fundament. Sein Zahlenwert ist 400, wie der des Buchstabens Tᴀᴠ.

Zu 5

Die Quelle aller Dinge ist also das Ziel allen Bemühens, und diese Quelle ist das wahre Selbst jedes Licht-Suchenden. Darum sagt der Autor: »Siehe, in Tᴀᴠ, תו, ist es verborgen, denn Tᴀᴠ ist auch Aᴛʜᴀʜ, אתה, Dᴜ«. Das bedeutet, Tᴀᴠ, תו, mit dem Zahlenwert 406 entspricht Aᴛʜᴀʜ, אתה, das »Dᴜ« bedeutet und den gleichen Zahlenwert hat. Dieses Wort wird nicht nur als persönliches Fürwort, sondern auch als Gottesname gebraucht. Sein erster Buchstabe, A, א, eröffnet das Alphabet und ist deshalb ein Zeichen des Beginns. Sein zweiter Buchstabe, TH, ת, ist als der letzte des Alphabets ein Zeichen für Ende. Der letzte Buchstabe H, ה, bedeutet »Fenster« und ihm zugeordnet ist die Fähigkeit des Sehens.

* * * *

Somit endet das *Buch der Siegel* mit der Zusicherung, die von den Weisen aller Zeiten, gleichgültig welchem Volk, welcher Zeit und welchem Glaubensbekenntnis sie auch angehörten, in der einen oder anderen Form gemacht wurde. Das innerste Selbst des Menschen ist das Juwel der Ewigkeit oder der magische Stein der Weisen, der seinem Besitzer den unschätzbaren Segen der Unsterblichkeit schenkt.

Wer das Selbst wirklich kennt, wer sich von den Fesseln der Täuschung befreit hat, die den Unwissenden irrtümlich veranlassen, den Begriff »selbst« für seine begrenzte, vergängliche Persönlichkeit zu benutzen – ein solcher hat das Ziel erreicht. Diejenigen, die es gefunden haben, werden manchmal »Herren des Geheimnisses von Saturn« genannt, denn sie verstehen, warum es von Saturn heißt, er verschlinge seine Kinder.

Dass viele Leser dieses Buches in ihrem Leben das Geheimnis erfahren, damit sie durch ihr transformiertes

Bewusstsein wahrhaft »mehr als ein Mensch« und zu den Unsterblichen gezählt werden mögen, ist das aufrichtige Gebet jener, die für die Veröffentlichung dieses Buches verantwortlich sind:

Möge der Weiße Glanz

Der Höchsten Krone

Auf dich herabströmen,

Und mögest du unter dem Schatten der Flügel

Dieses Mächtigen Einen,

Dessen Namen kein Mensch

Auszusprechen vermag,

Im Frieden sein.

EPILOGOS

* * * *

MEDITATION ÜBER MALCHUTH

ICH BIN der Ruf der Trompete aus dem Jenseits,
    der überall im Garten der Wonne
    zu mir widerhallt.
Ich bin dein Lebensatem,
    oh Kind von Eden,
Der dich mit dem köstlichen Duft meines Geistes
    durchdringt.
Dein wahres Selbst bin Ich,
    oh Israel,
Und das Selbst von ALLEM, WAS IST.

Getäuscht durch die Illusion persönlicher
    Unabhängigkeit
Hält der Nichtunterwiesene fälschlich den Abstieg
    Meiner Kraft
Aus dem Lebensatem von RUACH
Für einen Aufstieg der Kraft
Aus meinen Manifestationen
In MALCHUTH.

Wisse, dass die Kraft niemals ihren Anfang nimmt
In dem, was unten ist.
Sie steigt von der Erde zum Himmel empor,
Und steigt vom Himmel wieder zur Erde herab,
 wie es auch Hermes sagte.
Doch bedenke, dass alles, was die Weisen schreiben,
 stets verschleiert ist,
Damit sich die Uneingeweihten nicht
Am Feuer verbrennen,
 das sie nicht zu lenken verstehen.
Daraus kannst du sehen,
Dass jene, welche die Worte der Weisen
 nur mit dem äußeren Auge lesen,
 Die innere Bedeutung missverstehen.
Sehnst du dich nach der Höhe
 der Sphäre der Sonne?
Wertvoll ist dein Streben.
Doch viele sind berufen und nur wenige auserwählt.
Denn nur, wenn du das geschriebene Wort
 mit deinem Herzen verstehst,
Kannst du erkennen, dass selbst dein Streben
Nicht den Ebenen von GUP und NEFESCH entspringt,
Sondern in Wahrheit die Spiegelung
 Meiner herabsteigenden Kraft von RUACH ist.

Stets ist daher das Streben
Wie das gespiegelte Bild der Sonne in einem Glas,
Das, wenn es deine Augen trifft,
 Die Sonne selbst zu sein scheint.

Kein Mensch steigt zu RUACH
    aus eigener Kraft empor.
Doch viele täuschen sich hierin,
Und aus dieser Täuschung sprießen viele Kräuter des
    Irrtums.
Wisse du, dass selbst die geringste deiner Strebungen
Zu dem, was höher zu sein scheint,
Ihren Ursprung in diesem Höheren hat.
Meide den Irrtum, und bleibe standhaft.
Nichts auf den Ebenen von JESOD und MALCHUTH
Kann oder *wird* jemals eine Kraft in Bewegung setzen.
Sie sind nur wie Spiegel,
Und die Gefühle und Deutungen
    der Sphären des Wünschens und Denkens,
    die nach unten
    auf JESOD und MALCHUTH gerichtet sind,
Sehen, wie aufmerksame Zuschauer,
    eine gespiegelte Reflexion,
In der alles die Umkehrung der wahren Bilder ist.

Im physischen Universum von GUP
Bricht die Eins auf zur Vier,
    dem Fundament der Vielfalt.
Und MALCHUTH ist GUP zugeordnet,
Weil GUP nicht zur Vollkommenheit gelangt,
    es sei denn, durch die *Bildung von Körpern.*

Es steht geschrieben, dass
»KETHER in MALCHUTH
Und MALCHUTH in KETHER sei,
   jedoch auf eine andere Weise«.

In KETHER bin Ich der Eine, der Unteilbare.
   Doch in MALCHUTH erscheint dieser Eine,
   Der ICH BIN,
Als Vier und manifestiert sich
Als die ZEHN, die zurückkehrt zum EINEN.

Doch um in das Königreich einzutreten,
Bedarf es stets der Zwei,
   denn das Rad dreht sich nur
   durch die Wechselwirkung entgegengesetzter Kräfte.
Doch ist mein Königreich von ADONAI
Nicht das Königreich der Illusion dieser Welt;
Und die Körper der Diener von ADONAI
Müssen von dieser Illusion befreit sein,
Ehe sie dem Licht, das von Oben herabsteigt,
Als transparente Kanäle dienen können.

Das Gesetz von ADONAI ist anders
Als die Gesetze der Menschen,
Denn in die Gesetze der Menschen
Ist Verwirrung eingedrungen.
Dies muß notwendigerweise so sein,
Weil die Menschheit ein noch unvollendetes Werk ist.
   Doch sei auf der Hut,

Du, der du danach strebst, zu den Söhnen und Töchtern
    des wahren Israel gezählt zu werden,
Verwechsele nicht den zur Hälfte ausgeführten Entwurf
    eines frühen Stadiums des Wachstums
    mit der endgültigen Wirklichkeit.

Das Große Werk zielt stets
    auf den Bau des Tempels von ADONAI,
Und in seinen frühen Stadien gibt es Notwendigkeiten,
    die nicht während des ganzen Bauvorgangs
    bestehen bleiben.
Doch verwechseln die Menschen das Baugerüst
    mit dem Gebäude selbst,
Und zollen daher den alten Regeln,
    die keinem Zweck mehr dienen,
    abgöttische Verehrung.

Darum gib acht, oh du, der du regieren willst,
    wie der Herr regiert.
Bemächtige dich nicht der Rechte des Herrn.
Sein und Sein allein ist der Tempel,
Und du, der du dich mit dem Bau beschäftigst,
    bist nicht sein Eigentümer.
Nicht dein, sondern Mein ist das Werk.
Nicht dein, sondern Mein ist der Tempel.
Für Mich und für Mich allein
Wurde er entworfen und erbaut,
Und Mein sind die festgelegten Bräuche,
Die dich im Dienst des Lichtes leiten.

Denn wahrhaftig ist KETHER in MALCHUTH,
Und in KETHER wohne Ich, allein, ohne ein Zweites.
    Glaubst du denn,
    irgendein Mann oder irgendeine Frau
Habe ein Besitzrecht, das höher sei als Meines?
    Mein ist dein Körper,
    du, der du Mich zu finden suchst,
    Mein und Mein allein.

Mein ist die Substanz von allem,
    was sich durch Gedanke oder Wort oder Tat
    jedes Meiner Instrumente manifestiert.
Niemals werden jene, die in der Täuschung
Der Illusion des Getrenntseins bleiben,
    zu reinen Kanälen für das Ausgießen meines Willens,
Ehe nicht alle Torheiten des »Mein« und »Dein«
    durch das unwiderstehliche Herabströmen
    Meiner Kraft ausgeräumt sind.

Im Zahlenwert von GUP
Kannst du die wirbelnde Lichtkraft erkennen,
Die durch den Mund des Ewigen wirkt,
Während Blitze aufleuchten und Donner grollt.
    Und Donner war schon seit undenklichen Zeiten
    ein Symbol für die Stimme Gottes.
So ist dein Körper, oh Strebender,
Mehr, weit mehr als ein Klumpen Erde.
Er ist GIMEL, das Zeichen für die Intelligenz,
    die dich mit der Krone vereinigt.

Er ist VAV, der Nagel,
    der dich mit der väterlichen Weisheit verbindet.
Und er ist wahrhaft PE, der Mund des Herrn,
Denn GUP enthält die Buchstaben,
    die dich für immer mit dem Königreich vereinigen.

Doch sind dies nichts als Worte ohne den Schlüssel,
Den ein verstehend Herz dir verleiht,
    Liebe ist dieser Schlüssel.
    Liebe, nicht Verstand;
Denn Verstand folgt Liebe *nach*,
Und wenn Verstand Liebe zum Sklaven machen wollte,
Dann ist Verstand nur ein Tyrann,
Der sich selbst mit dem bestraft,
Was er vergeblich zu versklaven sucht.

Die Liebe kommt zuerst, wie du im Tarot sehen kannst,
In dem die Kaiserin dem Kaiser vorausgeht.
Ohne Liebe ist Verstand unfruchtbar,
Denn Liebe erzeugt die wahren Bilder.
Verstand kann ordnen, Verstand kann ernten,
Doch trägt der Schnitter auch
    die Maske des Todes.
So ist dieser dein Körper das Instrument,
Auf dem das Lied des Lebens gespielt werden kann –
Nein, viel mehr noch als das;
Denn über diese Harfe mit zehn tausend Saiten
Streicht unaufhörlich der Hauch des Geistes,
Und Nacht und Tag erklingen die Melodien
    und Harmonien dieses ewigen Liedes.

Doch nur Wenige haben Ohren, die hören,
Denn dieses Hören wird zu oft
    durch das laute Getöse der Illusion der Welt betäubt.
Wer aber Augen hat, zu sehen,
Und einen Geist, der sich erinnert,
Kann schon im Wort GUP erkennen,
Dass seine innerste Bedeutung
    mit Hören verbunden ist.
Denn was sonst ist VAV,
    als das Innerste des Wortes?
Und ist nicht VAV zugleich der besondere Buchstabe
Von Ben, dem Sohn, und das Zeichen für Hören?

Dieser dein Körper, oh Kind der Erde und des Himmels,
Ist wahrlich die himmlische Vision der Güte
    des Ewigen.
Dieser dein Körper ist der Palast des Königs.
Dieser dein Körper ist die offenbarte Welt
    von Gott und Mensch.
Dieser dein Körper ist das nahtlose Gewand
    von ADONAI,
Denn Ich bin dein Herr,
    Und der Herr und Sein Tempel sind Eins.

*

*   *

*   *   *

*   *   *   *

Die hebräischen Buchstaben

In der Schreibweise der hebräischen Wörter wurde teilweise sowohl *Langenscheidts Taschenwörterbuch Hebräisch* (1996/95) als auch dem Handwörterbuch von Gesenius (*Hebräisches und Aramäisches Handwörterbuch über das Alte Testament, 1962*) gefolgt. Die Entsprechungen der Buchstaben und die Aussprache können der folgenden Tabelle entnommen werden.

Zahl	Buchstabe	Lat. Name	Dtsch. Bdtg	Hebr.Bdtg.	Aussprache	Transkription
1	א	Alef	Ochse	אלף	`'alef	'(Anlaut), '(Betonung)
2	ב	Bet	Haus	בית	`bajit	b oder v
3	ג	Gimel	Kamel	גמל	gamal	g
4	ד	Dalet	Tür	דלת	`delet	d
5	ה	He	Fenster	הה	he	h (als Lesestütze nicht transkribiert)
6	ו	Vav	Nagel	וו	vav	v
7	ז	Zajin, Zain	Schwert	זין	`zajin	z wie in sehen
8	ח	Chet	Zaun	חית	xet	x wie in Bach
9	ט	Tet	Schlange	טית	tet	t
10	י	Jod	geöffn. Hand	יד	jod	j
20	כ	Kaf	**greif. Hand**	כף	kaf, xaf	k oder x wie in Bach
30	ל	Lamed	Stachel	למד	`lamed	l
40	מ	Mem	Wasser	מים	`majim	m
50	נ	Nun	Fisch	נון	nun	n
60	ס	Samech	Stütze	סמך	`samex	s wie in essen
70	ע	Ajin	Auge	עין	`'ajin	' (Anlaut)
80	פ	Pe	Mund	הפ	pe	p oder f
90	צ	Tsadi	Angelhaken	צדי	tsade	ts wie in Zaun
100	ק	Kuf, Kof	Hinterkopf	קוף	kuf, kof	k
200	ר	Resch	Kopf	ראש	rosch	r
300	ש	Schin	Zahn	שן	schen	sch wie in schön, s wie in essen *)
400	ת	Tav	Zeichen	תו	tav	t

ENDBUCHSTABEN

500	ך	Kaf	600	ם	Mem	700	ן	Nun	800	ף	Pe	900	ץ	Tsadi

*) Das Langenscheidt-Lexikon benutzt für »sch« ein anderes Zeichen

Über den Autor

PAUL FOSTER CASE war einer der großen spirituellen Lehrer, die immer wieder in geschichtlicher Zeit über die
Erde gegangen sind. Weisheit, ein durchdringender Geist
voller Unterscheidungskraft und spirituelle Wahrnehmung verbanden sich bei ihm auf ungewöhnliche Art.
Dabei drückte sich seine Menschlichkeit auch durch Witz
und Humor sowie durch eine große Umgänglichkeit mit
Menschen aller Gesellschaftsschichten, Nationen und
Glaubensrichtungen aus.

Als früh entwickeltes Kind las er ungewöhnlich viel
und besaß auch ein großes musikalisches Talent. Er ent-
deckte, dass er seine Träume willentlich beeinflussen
konnte und erlebte übersinnliche Bewusstseinszustände.
Mit neun Jahren stand er mit Rudyard Kipling im Brief-
wechsel, der ihm die Wirklichkeit seiner inneren Wahr-
nehmungen bestätigte.

Als Folge seines Kontaktes zu Claude Bragdon ent-
deckte er im Alter von sechzehn Jahren, dass sich die
gewöhnlichen Spielkarten vom Tarot herleiten, der ursprünglich »das Spiel des Menschen« genannt wurde. Von
da an sammelte er jedes Buch über den Tarot und alle
erhältlichen Tarotspiele. Jahr um Jahr beschäftigte er sich
eingehend mit diesen archetypischen Bildern der Kraft,
stöberte, studierte, forschte und meditierte. Er begann,
eine Stimme zu hören, die ihn bei seinen Nachforschun-
gen führte. Durch den Tarot hatte sich sein inneres Hö-

ren den höchsten spirituellen Ebenen geöffnet, doch die Stimme griff nie in sein persönliches Leben ein, schmeichelte nie und gab ihm nie Anweisungen.

Seine Forschungen führten ihn auch unausweichlich zur Kabbalah, der »geheimen Weisheit Israels«, von der er fühlte, dass er sie »bereits kannte«. Er brauchte die hebräische und chaldäische Schrift nicht zu erlernen, denn er »erinnerte« sich ihrer. In das Wissen von Tarot und Kabbalah einzutauchen, war eine Rückschau, die zugleich ein größeres Werk einleitete.

So war es ihm möglich, die Lehren der Zeitlosen Weisheit in eine verständliche moderne Sprache zu übersetzen und zu erweitern und damit dem Strebenden eine sorgfältig geprüfte Methode für seinen »Weg der geistigen Rückkehr« zur Verfügung zu stellen.

Um seine Erkenntnisse in angemessener Form weitergeben zu können, gründete er schließlich eine Organisation, den Orden der »Builders Of The Adytum« (B.O.T.A), »Erbauer des Adytum«. Hier werden den Mitgliedern die Lehren, die in den alten Mysterienschulen nur von Mund zu Ohr weitergegeben worden sind, in geschriebener Form zugänglich gemacht.

B.O.T.A. arbeitet heute weltweit und hat durch Übersetzungen der Texte von Paul Foster Case u. a. auch deutschsprachigen Interessenten die Möglichkeit eröffnet, das okkulte Studium in ihrer Muttersprache zu absolvieren.

Die Leserin und der Leser, die nach der Lektüre dieses Buches den Wunsch verspüren, das Wissen um die Mysterien und Disziplinen des Tarot und des Lebensbaumes weiter zu vertiefen, können sich an die folgende Adresse in den USA wenden:

Builders Of The Adytum, B.O.T.A.
5105 North Figueroa Street
Los Angeles, California 90042, USA

Weitere Bücher des Autors in deutscher Sprache in der Edition »fabrica libri«:

Der Wahre und Unsichtbare Orden vom Rosenkreuz
Band I: »Die Rosenkreuzer-Allegorie«
Band II: »Die zehn Rosenkreuzer-Grade«
2003, Schalksmühle
TAROT - Ein Schlüssel zur Zeitlosen Weisheit
2006, Schalksmühle

PAUL FOSTER CASE

Der Wahre und Unsichtbare Orden vom Rosenkreuz

Paul Foster Case war einer der großen spirituellen Lehrer des 20. Jh. Er hat das Rosenkreuzertum in einem lebenslangen Erfahrungsprozess ergründet und kann deshalb einen zuverlässigen und authentischen Einblick in das rosenkreuzerische Weltbild geben.

Band 1: Die Rosenkreuzer-Allegorie

212 S., kartoniert, 14,- EUR
ISBN 978-3-935937-11-5

Enthält die Rosenkreuzer-Manifeste und die Interpretation des Autors.

Band 2: Die 10 Rosenkreuzer-Grade

212 Seiten, kartoniert, 14,- EUR
ISBN 978-3-935937-12-2

Die Grade und ihre Entsprechung zum Kabbalistischen Lebensbaum und zum Tarot.

PAUL FOSTER CASE

TAROT – Ein Schlüssel zur Zeitlosen Weisheit

224 S., kart., s/w-Abb., 16,- EUR
ISBN 978-3-935937-41-2

Paul Foster Case hat mit diesem Werk über den esoterischen Tarot einen Klassiker geschaffen, der jetzt in einer überarbeiteten Neuausgabe vorliegt. Wer sich mit dem metaphysischen System des Tarots vertraut machen möchte, bekommt hier fundiertes Wissen über die Herkunft und Bedeutung der Tarot-Symbolik, Erklärungen aus esoterischer und psychologischer Sicht und eine praxisbezogene Anleitung zum Gebrauch der Karten im Sinne von spirituellen Zielsetzungen.

LOTHAR DIEHL

Initiatenorden und Mysterienschulen

Ein Führer für Suchende auf den Erkenntniswegen des Westens

Band 1: Das geschichtliche Erbe

344 S., kart., mit zahlr. sw-Abb.,
ISBN 978-3-935937-65-8, 24,- EUR

Band 2: Die Orden und Gemeinschaften

410 S., kart., mit zahlr. sw-Abb.,
ISBN 978-3-935937-72-6, 24,- EUR

Der 1. Band beinhaltet eine Einführung, klärt wichtige Begriffe und schildert die Entwicklung, die die Bruderschaften mit ihrem „Geheimwissen" in den Untergrund abwandern ließ. Im **2. Band** werden die Grundlagen und Lehrsysteme der einzelnen Schulen und Gruppierungen beschrieben.

KATJA WOLFF

Der kabbalistische Baum

Einführung in die Kabbala

206 Seiten, kartoniert, 14,- EUR
ISBN 978-3-935937-02-3

Die Kabbala ist eine der ältesten Kosmologien der Menschheit und hat bis heute nichts von ihrer Faszination verloren. Katja Wolff (geb. 1961, Studium der Philosophie und Germanistik in Hamburg) ist es wie kaum einer anderen Autorin gelungen, ihr komplexes Thema in ein leichtes Gewand zu kleiden, und so liegt uns mit diesem Werk eine hervorragende Einführung in das kabbalistische Weltbild vor.

GABRIELE QUINQUE

Splendor Solis – Das Purpurbad der Seele

22 Pforten der Alchemie

Hardcover/Schutzumschlag
280 Seiten, 14 s/w-Abbildungen
22 Farbbilder
ISBN 978-3-935937-26-9, 42,- EUR

»SPLENDOR SOLIS ODER SONNENGLANZ«, eines der berühmtesten Bild- und Textwerke der Alchemie aus dem 16. Jh., bietet mit seinen 22 farbenprächtigen Miniaturen einen einzigartigen Symbolschlüssel zum Verständnis von transformatorischen seelischen Prozessen. Die Autorin macht dieses vielschichtige, kryptische Werk auf dem Fundament der Hermetischen Philosophie transparent und geleitet uns durch 22 Pforten auf einen faszinierenden Erkenntnis- und Entwicklungsweg.

THOMAS STECKENREITER

Die okkulte Zahl

Qualität und Symbolik der Grundzahlen

120 Seiten, kartoniert
zahlr. s/w-Abb., 11,- EUR
ISBN 978-3-935937-34-4

Zahlenschlüssel eröffnen geheime Tore zu höheren Bewusstseinsstufen. So ist z.B. das berühmte »Hexen-Einmaleins« aus Goethes »Faust« kein sinnloses Zahlenspiel, sondern Ausdruck der tiefsten Einsicht in die verborgenen Zusammenhänge des Daseins. Bewusstheit über die Qualität der Zahlen zu erlangen, schenkt uns die Fähigkeit, die Schöpfung zu verstehen, ohne dabei einem vordergründigen Aberglauben zu verfallen, wie es in numerologischen Systemen oft geschieht.

BURKHARD MÜLLER

Das Glück der Tiere

Einspruch gegen die Evolutionstheorie

278 Seiten, kart., 18,- EUR
ISBN 978-3-935937-60-3

Der Autor unterzieht Darwin und die wichtigsten seiner Nachfolger einer genauen Lektüre, um ihre Widersprüche und Denkfehler aus ihnen selbst zum Vorschein zu bringen. Er beweist, dass es auf diesem scheinbar so klar vermessenen Schlachtfeld – hier Evolutionstheorie, dort christlicher Fundamentalismus – in Wahrheit noch eine dritte Möglichkeit gibt, und dass man zu ihr gelangen kann, indem man den Weg des vernünftigen Argumentierens einschlägt.

ERAN LAOR

Die große Einheit

Über die Grundlagen eines spirituellen Weltbildes

158 Seiten, kart., 12,90 EUR
ISBN 3-935937-45-8

»Wenn Du unter der Trennung von der Einheit leidest, wisse, dass die Einheit ebenso darunter leidet wie du selbst, und dass du dich selbst erlösend auch die Einheit erlösest.«

Eran Laor (1900-1990) war ein politisch denkender und handelnder Mensch und gleichzeitig ein spirituell zutiefst ergriffener Mystiker. Sein Anliegen war es zeit-lebens, eine alle Religionen trans-zendierende, dogmenfreie Haltung dem Göttlichen gegenüber zu verkünden.

MICHAEL MAIER

Atalanta Fugiens

Ein alchemistisches Emblemwerk von 1618 mit 52 Kupferstichen von Matthäus Merian

Faksimiledruck der Originalausgabe mit einem Nachwort von **Dr. Michel Kuper**

Hardcover mit Lesebändchen
232 Seiten, 28,- EUF
ISBN 3-935937-42-3

Ein alchemistisches Emblemwerk mit Melodien, Kupferstichen, deutschen Epigrammen und lateinischen Diskursen. Kindlers Literaturlexikon schreibt über diese Perle der Barockdichtung – das vielleicht erste »Gesamtkunstwerk« der Geschichte:

»Dies ist unstreitig das schönste, merkwürdigste und erfindungsreichste Werk der esoterischen Alchemie des 17. Jahrhunderts.«

Siva-Sutras: Der Yoga der höchsten Identität

Die Shiva-Sutras bieten einen dreistufigen Weg an. Sie sind das bekannteste und bedeutendste Werk des Kashmir-Shivaismus.

338 Seiten, 19,- EUR
ISBN 978-3-935937-64-1

Vijnanabhairava: Göttliches Bewusstsein

Aus einem Dialog zwischen Shiva und Shakti entstehen eine Reihe von Meditationsanweisungen, die helfen, göttliches Bewusstsein zu erlangen. Der Suchende hat die Wahl zwischen 112 Übungen.

230 Seiten, 18,- EUR
ISBN 978-3-935937-67-9

Pratyabhijnahrdayam: Das Geheimnis vom Wiedererkennen des Selbst

Der Kashmir-Shivaismus beschreibt den Entstehungsprozess des Universums von seiner Ursache bis zu unserer grobstofflichen Welt sowie die Mittel, um dies in einer lebendigen Verwirklichung zu erkennen.

174 Seiten, 16,- EUR
ISBN 978-3-935937-59-7

Spanda-Karikas: Vom Pulsieren der Schöpfung

„Ein Funke des göttlichen Feuers steigt in die Materie herab und vergisst seinen ... Ursprung ..."

232 Seiten, 18,- EUR
ISBN 978-3-935937-63-4

JAIDEVA SINGH

Bedeutende Werke des Kashmir-Shivaismus erstmals in deutscher Sprache!

Übersetzung von Gabriele Schindler

Brisant und spannend! Ein überraschend neues, zukunftsweisendes Bild von Jesus ...

CHRISTA MULACK

Der veruntreute Jesus

Die Botschaft Jesu vom „Reich der Königin"

318 S., kart., mit sw-Abbildungen
19,80 EUR[D] / 35,20 CHF
ISBN 978-3-935937-62-7

Christa Mulack gelingt es, die ursprüngliche Botschaft Jesu (die bereits von seinen Jüngern missverstanden und vom Apostel Paulus in entscheidenden Punkten geradezu in ihr Gegenteil verkehrt worden ist) in ihrer ganzen Tragweite wieder sichtbar zu machen. Dabei wird deutlich, dass in ihrem Zentrum nicht nur eine weibliche Ethik steht, sondern auch die Vorstellung von einem matriarchalen Werte- und Sozialsystem. Die Autorin deckt auch eine Fülle von überraschenden Bezügen zur Gegenwart auf. Diese Aktualität der Botschaft Jesu, die sich z. B. in den Erfahrungen und Vorstellungen des Nobelpreisträgers Muhammad Yunus widerspiegelt, machen das Buch nicht nur für ChristInnen zu einer spannenden Leseerfahrung.

VERA ZINGSEM

Der Himmel ist mein, die Erde ist mein

Göttinnen großer Kulturen im Wandel der Zeiten

590 S., ca. 160 Abb., Hardcover, Lesebändchen/Schutzumschlag
ISBN 978-3-935937-61-0
32,- EUR

Das Buch bietet eine einzigartig umfassende, vier Jahrtausende umspannende Quellentextsammlung.

Die Geschichten der großen Göttinnen mit ihren unterschiedlichen Liebespartnern gehören zum symbolischen „Urgestein" unserer Kultur. Die alten Texte klingen immer noch erstaunlich modern. Sie reflektieren das Schicksal des Menschen im Spiegel der Natur und entwickeln ein Menschenbild, in dem das Göttliche, die Natur und der Mensch noch nicht getrennt sind.

GERTRUDE R. CROISSIER

Psychotherapie im Raum der Göttin

Weibliches Bewusstsein und Heilung

530 S., 52 Abb., z.T. farbig, Hardcover/Umschlag/Lesebändchen
ISBN 978-3-935937-48-1
32,- EUR

Die persönliche Leidensgeschichte von Frauen ist nicht getrennt von der schmerzlichen Kollektivgeschichte des Weiblichen im Patriarchat:

Dem Schutz der alten Mutter-Göttin beraubt und von einem eifernden Vater-Gott dämonisiert, sind Frauen körperlich, emotional, geistig und spirituell heimatlos.

Ohne liebevolle Spiegelung in einem mütterlichen Gottesbild aber, ohne Kontakt zu den weiblichen Wurzeln des Lebens, sind Frauen geschwächt und sich selbst fremd geworden.

THOMAS SCHIPFLINGER

Maria-Sophia

Eine ganzheitliche Vision der Schöpfung

352 S., zahlr. Abb., z.T. farbig Hardcover/Lesebändchen
ISBN 978-3-935937-47-4
32,- EUR

Der katholische Theologe Thomas Schipflinger stellt uns in diesem Werk die SOPHIA als den weiblichen Aspekt Gottes vor. Er findet sie nicht nur in der christlichen Überlieferung und in der Schau begnadeter Seher und Künstler, sondern auch in den östlichen Religionen und in den neueren Naturwissenschaften.

Dabei zieht sich wie ein roter Faden eine Erkenntnis durch das Buch:

SOPHIA, die Heilige Weisheit, hat sich in MARIA als Mensch inkarniert, so wie der göttliche Logos in Christus zum Menschen wurde ...

FABRICA LIBRI
Pomaska-Brand Verlag
Holthausen 1
58579 Schalksmühle
info@pomaska-brand-verlag.de
www.pomaska-brand-verlag.de

1-2026